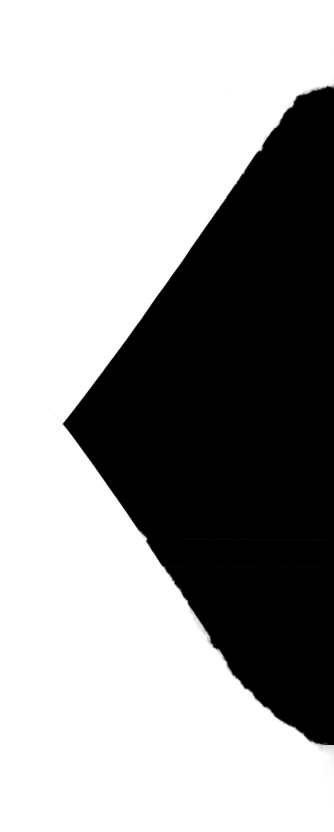

用幽默 Humorous way to say your opinion
的方法，表達你的想法 | 全集

活用幽默的智慧，及時替自己解圍

《罵人不必帶髒字》
系列暢銷作家
文彥博 編著

馬思想家塞涅卡曾經寫道：「**化解人際衝突的最好良藥，就是含有幽默感成份的機智。**」
人之間難免會發生摩擦，一不順心如意就出口成「髒」的人，只會被當成沒水準的莽漢、匹夫。
約語言是化解自己和別人衝突的最佳應變智慧，懂得運用幽默的方法表達自己想法的人，不僅可以替自己解圍，
也會突顯出自己的胸懷與氣度。

出版序 ─────────────────────── ● 文彥博

用幽默的方法，說出你的看法

你必須頭腦冷靜地控制自己的情緒，

運用語言的藝術，

尤其是以急中生智的幽默感，

既指出對方的謬誤，又表達自己的意思。

　　中國當代作家王蒙曾說：「幽默是一種酸、甜、苦、鹹、辣混合的味道。嚐起來似乎沒有痛苦和狂歡強烈，但應該比痛苦狂歡還耐嚼。」

　　罵人不必凶巴巴，想讓對方明白是非也不一定要暴跳如雷。如果能用幽默的方法，表達自己的看法，對方的體悟必定更加深刻。

　　如果你光會用嘴巴罵人，通常會口不擇言，讓被罵的人認為你滿腦子偏見又沒有修養，但是，如果你懂得動腦筋罵人，卻會讓被罵的人認為你「對事不對人」，罵得很有道理。

　　罵人不一定要用髒話，開罵之前，一定要先動點腦筋，既指出對方的錯謬，又不致讓對方惱羞成怒。

　　漢武帝即位之後，開始討厭撫養自己長大的乳娘，嫌她好管閒事，事無大小都囉哩囉嗦，後來便決定將她趕出宮

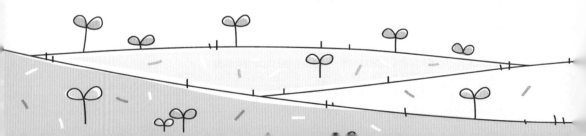

外。

乳娘在皇宮住了幾十年，當然不願離開宮廷生活，在無可奈何的情況下，便向漢武帝身邊的紅人東方朔求助，希望他能幫忙說些好話緩頰。她把事情告訴東方朔後，東方朔安慰她說：「這沒什麼困難，只要妳向皇上辭行的時候，回頭看皇上兩次，我就有辦法了。」

東方朔以機智幽默著稱，是清朝大文人紀曉嵐最推崇的人物。

他深知漢武帝是乳母一手撫養大的，乳母對他的恩情勝似生母。但是，乳母也有不是的地方，喜歡多嘴饒舌，尤其是漢武帝即位後，已經貴為一國之君，她卻不知收斂，常常毫不客氣地指出他的缺失，使得他下不了台階。

但不管怎樣，乳母終究是乳母，雖有小過錯，還不至於非把她趕出去不可，因而東方朔決意幫助乳母。

到了送乳娘出宮的日子，乳娘叩別漢武帝後，滿眼淚水，頻頻回頭向武帝看幾次。這時，東方朔乘機大聲說：「喂！乳娘，妳點快走吧！皇上早已經長大，用不著妳餵奶了，妳還擔心什麼呢？」

漢武帝一聽到此話，心弦不禁一震，感到十分難過，想起自己是乳母餵養長大的，而且她又沒犯什麼重大過錯，就立刻收回成命，讓她繼續留在宮中。

東方朔不愧是處理人際關係的高手，如果他直接向漢武帝

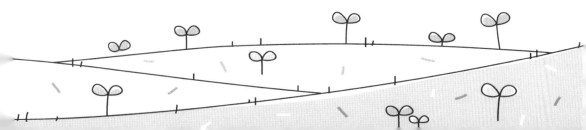

進諫，搞不好會使漢武帝惱羞成怒，反而把事情弄得更糟。

他採用「指桑罵槐」的策略，輕鬆地達成目的，可謂「罵人不帶髒字」。

其實，在現代的日常生活中，我們也屢屢見到令人滿或生氣的事情，然而，在某些公眾場合，或因為事情的敏感性，或涉及某些身貴名顯的人，或考慮到別人的自尊心，不便公開地直接罵人，這時，「罵人不帶髒字」的批評方法就可以派上用場。

當然，罵人並不是面對事情的最好方式，有時以讚美、鼓勵的方式來激發對方的優越心理，也是不錯的「滲透」方式。

我們在日常的社交活動中，總難免遇到一些令人難堪的窘境和難以回答的問題。這時候該如何說話最恰當？

大原則應該是明辨事理，說話得體；該直言則直言，該含糊就含糊，該超脫就超脫。總之，從實際出發，視情況而定。但是，有一點要特別注意：當有人故意給你難堪，並使你的感情受到傷害，你可不要只顧著氣憤，更不要大發雷霆去硬碰硬，那樣只會使矛盾激化，鬧得兩敗俱傷。

當然，你也不可只張口結舌、滿臉羞紅，使對方覺得你軟弱可欺，那樣他可能會變本加厲地嘲弄你。你必須頭腦冷靜地控制自己的情緒，運用語言的藝術，尤其是以急中生智的幽默感去對付。

英國作家司各特曾經在《雜文集》裡寫道：「充滿機智的幽默是多麼艷麗的服飾，又是何等忠誠的衛士！它遠遠勝過詩人和作家的智慧，它本身就是一種才華，能夠杜絕所有的愚昧。」

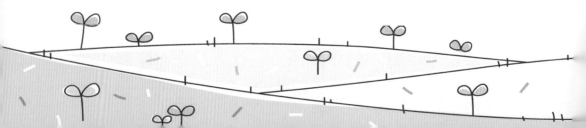

　　當你面對一樁又一樁的惱人事情，面臨受也受不完的鳥氣，與其憤怒地破口大罵，還不如想辦法透過幽默的方法，婉轉說出自己的看法。

　　讓人發噱的幽默言談，往往更能讓對方深思你要表達的意思。

　　當你忍不住想要出口成「髒」時，不妨懸崖勒馬，改用詼諧的方式表達。用幽默心情面對週遭那些惱人的事情，不僅能讓自己保持輕鬆愉快，更可以保持和諧的人際關係。

　　最高明的罵人方式就是不帶任何髒字，但所說的話卻比髒話還要有效。想到達這個境界，關鍵就在於是否懂得罵人的藝術。

　　本書是作者舊作《用幽默的方法，表達你的想法》與《用幽默的方法，改變對方的想法》全新修訂合集，內容著重於如何用幽默、婉轉的方式，既指出對方的謬誤，又表達自己的意思，希望能讓讀者在輕鬆閱讀的同時增強說話的功力。

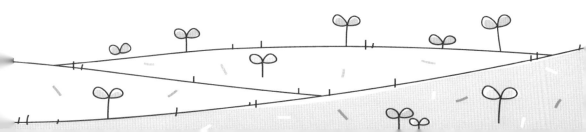

1 PART 與其發怒，不如戲謔應付

權貴也好，強勁的對手也罷，
看不順眼時，你可以想法子嘲弄一番，
卻不必與他們正面相抗，
更不要以生命作為代價去對抗。

2 PART 用幽默化解彼此的衝突

遇見爭執或意外時，
用幽默的態度面對，
懂得運用機智和幽默來化解衝突，
才是真正有智慧的人。

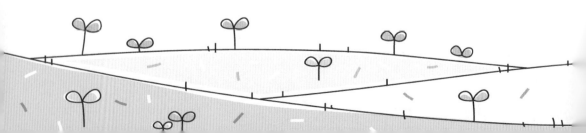

用機智回應別人的諷刺

日常生活中，
我們難免會遇到一些人總愛給人冷言冷語，
更愛將人貶低，但無論如何，
請別為了這樣缺乏風度的話語動怒。

用幽默的方式展現自己的價值

幫自己爭取權利時，
得聰明地援引、機智地比喻，
要讓對方明白我們的實力與付出，
更要讓他們心甘情願提高價格爭取我們的加入。

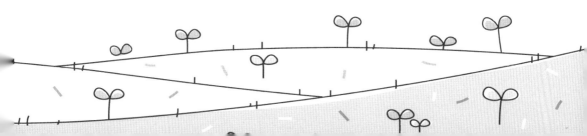

PART 5 幽默應對，就是溝通的智慧

在應對中表現出溝通的智慧，
只要我們肯選取正面的角度，
懂得在生活中多用點幽默和創意，
環境自然會充滿著朝氣和活力。

PART 6 用幽默的心情，看待惱人的事情

用幽默的心情面對，
所有煩擾的事將轉身變成生活的趣味；
只要以一些些微笑面對，
所有憂懼的事都能啟迪你的智慧。

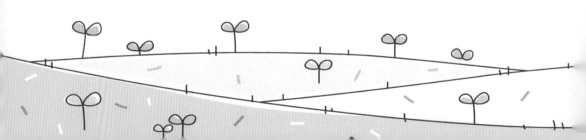

PART 7 發揮智慧，就能靈活應對

無論是自救或救人，臨危不亂是基本，
反應靈活是竅門，機智變通是要訣，
只要把握這幾個要點，
再大的危機都不過是小麻煩罷了。

PART 8 用幽默的智慧替自己解圍

不必大剌剌地批評，
無須用嚴苛的言詞來反駁，
很多時候只需輕輕點出對方的小缺漏，
我們就能為自己扳回一城。

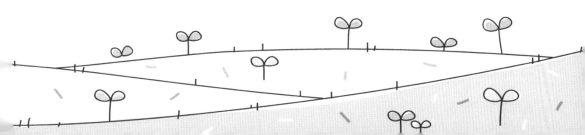

用幽默輕鬆溝通

PART 9

和別人進行溝通時，不去惡意傷人，
待人也絕不輕忽怠慢，
自然能固守住我們的堅持，
也能顧全我們不願傷害他人的心意。

說話多點技巧，生活少些煩惱

PART 10

與人交流要多用幽默技巧留下轉圜空間，
才能在這複雜的現實社會中，
瀟灑走過每一場紛爭，
也輕鬆躲過每一個危機。

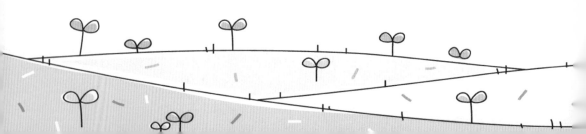

PART **1**

與其發怒，不如戲謔應付

權貴也好，強勁的對手也罷，
看不順眼時，你可以想法子嘲弄一番，
卻不必與他們正面相抗，
更不要以生命作為代價去對抗。

用機智讓對手自己貶值

 一般人除了貪小便宜外,也偏好以虛偽的裝扮現身,面對這種人,最好的應對方式就是發揮機智讓他們自己貶值。

約克是個出了名的吝嗇鬼,有一天他找來畫家傑西為自己畫幅肖像,還要求必須用炭筆作畫。

不過,這麼多的要求並不代表他已經決定要花錢買下畫作,因為熟悉約克的人都知道,他只懂得提出要求並強行佔有,若是有人執意要他付錢,他便會套關係、攀人情,硬是要對方將畫作免費送給他。

雖然熟知約克的為人,但不知道什麼原因,傑西竟很爽地答應,甚至還提出意見,「來點不一樣的吧!」

約克一聽,開心地說:「當然好啊!麻煩你了。」

這幅作品很快就完成了,誰知約克接過手一看,臉上立即變色,只見他大聲斥喝:「這是什麼?怎麼只有背面呢?」

傑西冷冷地說:「像你這樣的人,哪有臉見人啊?」

聰明的傑西知道要對付約克這樣的小人並不容易,而且與對方爭執只是白費力氣,不如用畫筆來嘲諷回應。

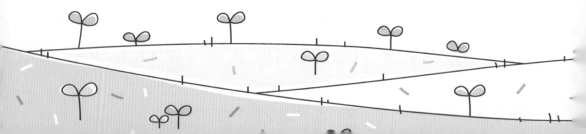

　　這是他最大的本事，也是唯一的武器，不僅約克沒有能力抵抗，還能暢快地將不滿宣洩於出來。

　　這是畫家的生活智慧，也是他們經由不斷靈活思考而累積出來的機智，若是不夠明白的話，我們再看一例。

　　曾經有個富翁請畫家為他畫肖像畫，還開出了五千法郎的報酬，要求畫家務必要呈現最真實且完美的畫作。

　　畫家點頭答應，但是當作品完成後，富翁卻拒絕支付這筆錢，理由是：「你畫的人根本不是我。」

　　畫家莫可奈何，只好將畫作保留下來，心想，「要這傢伙掏錢不容易，恐怕得再找機會賣了。」

　　過不久，畫家舉辦了一場畫展，現場還準備了不少待售的作品，其中有一幅被題名為「賊」，正是為富翁畫的肖像畫。

　　富翁的朋友發現了，連忙通知富翁，於是那名富翁萬分惱怒地向畫家表達抗議，但畫家只是面帶微笑，淡淡地說：「這件事與你有什麼關係呢？那幅畫根本不是你，不是嗎？」

　　富翁一聽，頓時啞口無言，最後不得不以更高於原來的定價買下這幅畫作，而畫家也順勢地將作品名稱更改為「慈善家」。

　　一般人除了貪小便宜外，也偏好以虛偽的裝扮現身，就像故事中的富翁，企圖用錢來購買一個「虛假的自己」，讓人看出了他的虛榮和無知。

　　面對這種人，最好的應對方式就是用幽默的方法表達你的想法，適時發揮機智讓他們自己貶值。

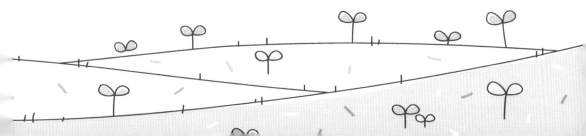

人和人之間難免會發生摩擦，一不順心如意就出口成「髒」
的人，只會被當成沒水準的莽漢、匹夫。幽默的語言是化解自
己和別人衝突的最佳應變智慧，懂得運用幽默的方法表達自己
想法的人，不僅可以替自己解圍，同時也會突顯出自己的胸懷
與氣度。

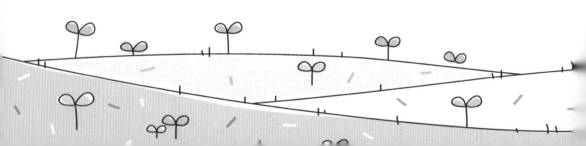

與其發怒，不如戲謔應付

權貴也好，強勁的對手也罷，看不順眼時，
你可以想法子嘲弄一番，卻不必與他們正面
相抗，更不要以生命作為代價去對抗。

越戰期間，美國影星普荷常常被派往越南前線勞軍。

有一回，他的老搭檔忍不住問他：「朋友，看你經常開總
統、議員、州長或其他大人物的玩笑，可是怎麼從來都沒事
呢？」

「你確定我沒事嗎？」普荷反問。

朋友點了點頭，沒想到普荷卻笑著說：「哪裡沒事？你想
一想，不然我為何經常被派到越南勞軍呀？」

所謂爾虞我詐、勾心鬥角就是這麼一回事，別人想對付你，
通常不會直接表現出來，而是在背後用盡「巧思」。

經過普荷戲謔的言談，你應該也看出了其中玄機。看似「特
派出國」的機會，根本就是對方軟硬兼施地折磨、捉弄，表面
上給人一個風光禮遇的印象，暗地裡根本是想來個借刀殺人，
甚至還想唬人心生感激呢！

當然，普荷並沒有被唬過，反而更加藉由丑角的表演方式，

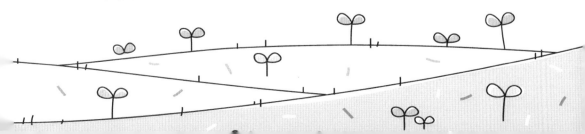

嘲諷、戲謔那大人物，而且還懂得要拿捏分寸，沒激得「老虎」立即咬他一口。

走出複雜又黑暗的政治權謀，回到現實生活中，仔細想想，在我們身邊其實不難發現相似的人際運作。

換個角度再想，為免被人欺負或陷害，我們應該懂得自保，更要學著冷靜應付，什麼該說與什麼不該說都要能聰明取捨，畢竟在人們還無法做到真正的公平與包容前，還是別逞強硬闖，才不會將自己弄得傷痕累累。

因此，要聰明地轉個彎思考，也運用智慧轉個彎說話，能擦邊球得分更能顯現出你卓越的技術呀！

就像德國哲學家叔本華在遇見權貴人士時，只是默默聽他們的對話，也只冷眼輕視他們的無知與虛偽，並沒有去戳破眼前的偽作和膚淺，這種低調的作風，反而更值得我們好好學習。

有一陣子，叔本華在法蘭克福的某間旅館居住時，經常到旅館附近，一間英國軍官常光顧的小餐館裡用餐。

當時，有位服務生發現，不知道為什麼，叔本華每次飯前都會把一枚金幣放在餐桌上，直到飯後才又把金幣收回自己的口袋裡。

有一天，服務生忍不住問他：「先生，您為什麼要把金幣放了又收、收了又放呢？」

只見叔本華笑著說：「是這樣的，我每天都會和自己打賭，只要那些軍官們哪一天不談馬呀、狗呀或女人的話，我就把這枚金幣捐給教堂。」

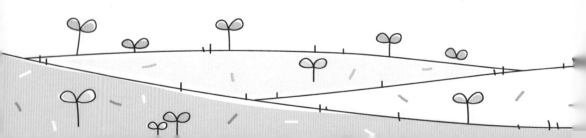

　　如果是你，你會直斥軍官們的膚淺，還是對他們冷嘲熱諷呢？

　　其實，想教訓人，不一定要當面把話說得狗血淋頭，雖然有些人的確需要明白告知才能醒悟，但是大多數人只要轉彎暗喻就能讓他們明白。

　　無論是普荷還是叔本華，兩人碰到的情況雖然差異很大，但是其中傳達的旨意是互通的。從他們的角度來看，生活不要滿腹怨懟，權貴也好，強勁的對手也罷，看不順眼時，你可以想法子嘲弄一番，卻不必與他們正面相抗，更不要以生命作為代價去對抗。

　　換個角度想，我們若想得到對手的敬重與心服，不也要留給人一點顏面、一條後路？若直接怒斥對方，對方往往回賞自己一個大巴掌，畢竟金剛怒目任誰看了也不舒服，不是嗎？

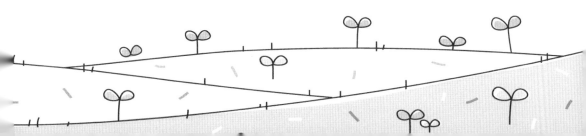

罵人何必一定要用髒字？

 不要用情緒解決問題，直接表達心中的不滿雖然暢快，但危險會出現得更快。若想明哲保身，要懂得用智慧宣洩情緒。

　　西班牙畫家戈雅是個嫉惡如仇、愛憎分明的人。有一次，西班牙國王查理四世把戈雅召進宮中，並對他說：「您是我國最棒的畫家，只有你才配得上皇室。今天我找您來，就是想要您為我及我的家人畫一張全家福畫像，放心，畫作完成時我定會好好獎賞你。」

　　戈雅一度猶疑，但最後還是點頭答應了。不久，國王的全家福肖像圖便完成了，戈雅也立即送來請國王過目。

　　不看還好，群臣們一看便知戈雅冒犯了國王，只見國王氣惱得臉都紅了；因為戈雅在這幅畫裡動了手腳，明明畫中有十四個人，應當有好幾隻手在上面，但大家不必細數便能看出，畫裡的人物幾乎都沒有「手」。事實上，戈雅在這幅畫中只畫了六隻手。

　　國王怒氣沖沖地問：「其他人的手呢？到哪去了？你到底會不會畫畫啊？」

　　戈雅一臉無辜地說：「我也不知道他們的手跑到哪兒去

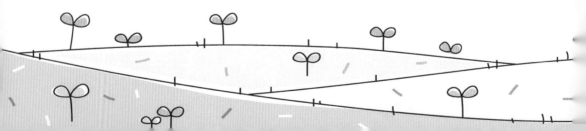

了！」

國王生氣地說；「快給我添上！」

但是，戈雅卻堅持說：「我真的看不見他們的手啊！」

戈雅之所以這麼堅持，是因為他知道，那些王孫公子們全都是些有嘴無手的懶惰紈褲子弟。

又有一回，有個喜愛收藏藝術品的博士，來請戈雅為他作畫。不過，這個博士是出了名的偽君子，表面上看起來道貌岸然，實際上卻是個心狠手辣的傢伙，聽說他曾為了搶奪朋友美貌的妻子，而狠心將朋友殺害。

戈雅當然知道這件事，也非常厭惡他，不過他卻不想得罪他，所以他仍然為博士完成了畫像。

博士看見作品時，還滿意地手舞足蹈呢！只見他開心地對戈雅說：「戈雅，我知道您很難得為人畫手的，這次您竟然把我的雙手都畫出來，我實在太榮幸了！明天我定會奉上一份豐厚的酬金給您。」

沒想到戈雅忽然冷笑一聲，接著說：「這麼開心？你知不知道我為什麼要把你的雙手都畫出來呢？我可是要讓人們看清楚，你是個可怕的殺人兇手，要讓大家看一看，你那雙沾滿血漬的凶惡之手！」

博士一聽，再仔細地看圖，這時才發現，他的雙手果真沾染了血漬，一瞬間，他原來充滿笑容的臉登時變成怒顏。

直接拒絕的壞處多於好處，不論是以抽象呈現的暗喻，或是以寫實表現達到暗諷的目的，藝術家們的確比一般人更懂得

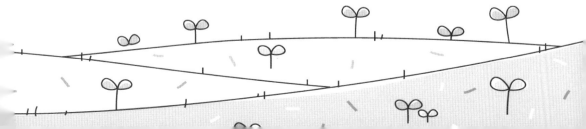

什麼叫借力使力。

　　所以，為了喚醒皇室的成員，戈雅借肖像來訓示王公貴族的不知長進；又為了能表達心中的正義感，戈雅更將厭惡心擱置一旁，用圖畫盡情地將心中的不平之聲揮灑出來。

　　其實，畢卡索也曾有類似的表現。

　　在第二次世界大戰期間，德國的將領和士兵經常出入巴黎的畢卡索藝術館，這讓終生反對侵略戰爭的畢卡索十分不悅，因而面對這群不速之客時，始終冷淡地接待。

　　有一天，在藝術館的出口處，畢卡索發給每位德國軍人一幅他的名畫《格爾尼卡》的複製品，這幅畫上描繪的是西班牙城市格爾尼卡遭到德軍飛機轟炸之後的慘不忍睹情狀。

　　其中，一名德國將軍來到出口處之時，便指著這幅畫，問畢卡索說：「這是您的傑作嗎？」

　　「不是，這是你們的傑作！」畢卡索冷冷地說。

　　日常生活中，我們確實經常遇到讓人無奈萬分又憤怒的情況，然而面對這些難解的人際習題，你通常會怎麼處理面對？

　　在這裡，戈雅和畢卡索異口同聲地告訴我們：「不要用情緒解決問題，直接表達心中的不滿雖然暢快，但危險會出現得更快。若想明哲保身，要懂得用智慧宣洩情緒，如果明的不行，暗著來又何妨？」

　　罵人不一定要用髒字，只要減少正面起衝突的機會，聰明地拐個彎罵人，不僅能讓說話和聽話的人都快意，最重要的是能保全你的性命。

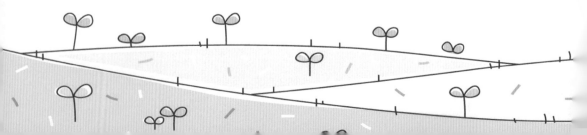

微笑看待，就能瀟灑自在

生活沒有什麼好緊張的，人與人之間更沒有什麼好計較的，凡事微笑看待，也微笑面對，自然會展現迷人的風采。

波蘭裔的美國著名演奏家魯賓斯坦，以擅長演奏蕭邦作品而聞名，在國際古典樂壇中，享有極高的聲望。

熟悉他的人總說，不管是在音樂世界中還是在日常生活裡，魯賓斯坦都表現得十分瀟灑自在，這也讓他的人生成為一曲曲輕鬆愉悅的樂章。

以下是一位朋友回憶起某次和魯賓斯坦共進午餐的情景。

有一天，幾位友人正在餐廳等候魯賓斯坦，正當眾人等得有點心急的時候，他走了進來。看見他那樣輕快矯健的步伐，朋友真覺得他年輕了三十歲。

魯賓斯坦匆匆來到，一坐下來便用流利的義大利語點了一杯飲料，點好飲料後，沒忘記向友人道歉：「對不起，我來遲了！」

「沒關係。」朋友們禮貌性地這麼說。

「其實是這樣的，我正在律師那兒立一份遺囑，它足足花

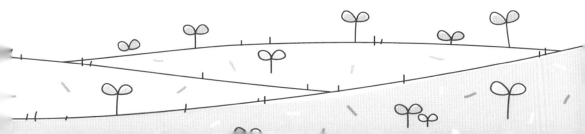

了我兩個小時的時間。唉！這種事實在好麻煩，我最討厭這樣的事，又要算帳，又要計劃，還要一個個分配妥當。最後又怎麼樣？我自己可是什麼也得不到啊！」

聽見魯賓斯坦這麼說，在場的朋友們都忍不住哈哈大笑了起來。

幽默風趣和自我調侃常常配合著出現，不僅能帶動氣氛，也是最能化解人際間尷尬氣氛的好方法。在這則軼事裡，音樂家魯賓斯坦的朋友雖然沒有責怪他，但是他仍不忘發揮幽默天分，緩和了氣氛。

透過魯賓斯坦風趣的回應，我們似乎也看見了這位音樂大師的瀟灑自在。

對於立遺囑的態度，魯賓斯坦並不像其他人那樣嚴肅看待；這些繁瑣的手續，更使只喜歡讓雙手在琴鍵上忙碌的魯賓斯坦感到困擾，其中或者也表現出他對財富的淡然。

凡事輕鬆看待，我們的舉手投足自然能瀟灑帥氣，生活更是快意輕鬆，關於這一點魯賓斯坦最是明白的。

有一天，魯賓斯坦準備在某個劇院裡舉行獨奏音樂會，就在音樂會開始前，他站在音樂廳的大廳中，靜靜看著大批觀眾走入會場。

這時，有位負責包廂的服務人員卻不認識這名大鋼琴家，還以為眼前的男子是買不到票的觀眾，於是上前提醒他說：「先生，很抱歉，已經沒位置了。」

魯賓斯坦笑著說：「那我坐在鋼琴前面可以吧？」

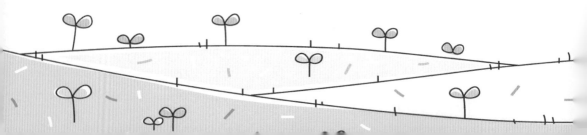

　　修養極佳的魯賓斯坦沒有指正服務生有眼不識泰山，而是風趣地提醒他「我的位子就在舞台上」。

　　想像著魯賓斯坦的親切幽默，隱約間，我們似乎也感受到了音樂大師的修為，似乎他的一舉手、一投足，都充滿了舒服的音律。

　　那我們呢？是否也能像大師一樣擁有相同的瀟灑與風采？

　　當然可以，只要我們不斷地提醒自己：「生活沒有什麼好緊張的，人與人之間更沒有什麼好計較的，凡事都要微笑看待，也微笑面對！」

　　只要試著用微笑面對，我們自然也會展現出與音樂大師一樣迷人的風采與幽默的智慧。

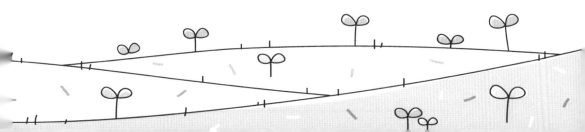

有技巧地吐真話，才能讓人微笑接納

溝通是一門藝術，給人意見更要有技巧。當我們在表達內心想法時，要懂得運用隱喻或借喻。

有個畫家對朋友說：「我想把這房間的牆壁重新粉刷，然後再在牆上作畫，你覺得好不好？」

「嗯，這主意倒是不錯。不過，我覺得你最好先在牆上作畫，然後再粉刷牆壁。」朋友勸他說。

畫家想聽聽朋友的意見，沒想到卻被朋友糗了一頓，心中肯定是五味雜陳，畢竟朋友已間接否定了他的繪畫功力；但因為朋友只是間接地批評他，所以避免了兩人間的直接對立。

我們常說話要說得巧妙，才能避免不必要的對立，也才能免除任何可能產失的誤會或埋怨，因而就算忍不住想吐槽，也要學會「吐真話」的技巧，要能讓人聽不出話裡的「嘲諷」，還能保住對方的面子，好讓他們在微笑接納的同時，願意回頭閉門自省。

音樂大師恰魯比尼便是個絕佳的例子。

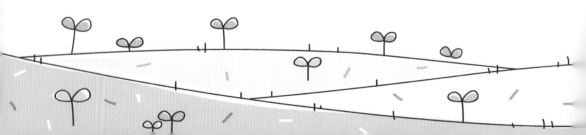

拾魯比尼身為歐洲的首席音樂家，幾乎天天都得面對許多想沾沾音樂家風采的訪客，其中更不乏前來討教的人。

有一天，有位時尚派音樂家帶了一套樂譜來見他，還聲稱這套樂譜是音樂家曼哈所寫的。

但是，恰魯比尼仔細地審閱一遍後，很肯定地對他說：「不，這不是曼哈寫的，因為實在寫得太糟糕了，不像曼哈的水準！」

沒想到，拜訪者這時卻說：「那如果我告訴你這是我寫的，你相信嗎？」

恰魯比尼一聽，很冷靜看著他，然後說：「不，你還不能寫得這麼好！」

看起來有些矛盾的兩句話，卻充分展現了恰魯比尼的機智。所謂見面留三分情，不想得罪人，即使答案有矛盾也要改口回應，於是恰魯比尼從「糟糕」轉成了「好」字，不過再仔細一點探究，這兩句話裡其實還藏著反諷呢！

試想，原來被批評不及曼哈的水準，轉眼卻成了作曲者還不到如此成熟的程度，其實不管何者都是在說作曲者的實力還不足，只是因為恰魯比尼善用了「明褒暗諷」的說話技巧，因而他提出的批評就不會顯得太苛刻。

從名人的軼事回到現實生活，想想我們與人溝通意見時，經常用什麼樣的方法來表達呢？是毫不留情地直指對方的不是，還是轉幾個彎，再告訴他們表現上的缺陷或不足？

溝通是一門藝術，給人意見更要有技巧。畫家可以用色彩

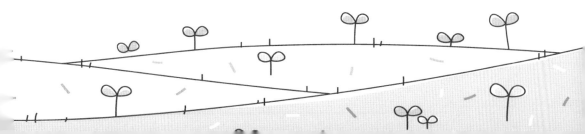

來表現心裡的無奈或不滿，音樂人則懂得用音符來分享心中的快樂或悲傷，無論如何，他們在傳達內心話時總有一個媒介；相同的，當我們在表達內心想法時，便要懂得運用隱喻或借喻。

有時繞繞彎，有時另外找個目標來譬喻，不僅能大大減低「針對」的感受，也能增進溝通效果，若能再加點幽默元素，還能讓人微笑地聆聽你的意見，並進而打從心底接納且服從你的建言。

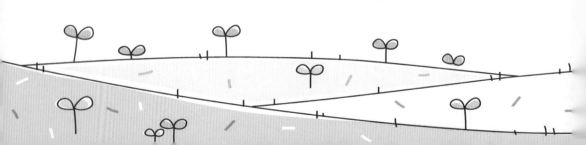

情緒失控只會讓事情更加嚴重

不是重重反擊就能得到勝利，也不是情緒反
應就能把人嚇住，只要不被情緒煽動，自然
能想出絕妙的反擊方法。

　　有個小偷忽然將手伸進貝利的口袋中，敏銳的貝利一發
現，連忙伸手將那小偷的手抓住，然後氣憤看著這個小偷。

　　沒想到小偷十分鎮靜，還笑著說：「喔，對不起，這裡實
在太擁擠了，我錯把您的口袋當成了我的口袋了！」

　　「是這樣嗎？好，沒關係。」貝利微笑著放開了小偷的
手，但旋即冷不防賞給他一個大耳光：「啪！」

　　「你……」小偷痛得瞪著他，只見貝利仍帶著微笑說：
「喔，真是對不起，我不知道怎麼了，竟誤把您的臉當成了我
的臉。」

　　貝利機警反應，保住了自己的荷包，但隨即的情緒反應，
雖然狠狠給了小偷一個巴掌教訓，卻也讓人不禁為他捏了一把
冷汗。因為，他逮住小偷偷竊的證據並不明顯，但給了對方一
巴掌，卻是引人注目的大動作，不知情的人只看到貝利打人，
卻不知是因為「小偷」先動手偷錢。

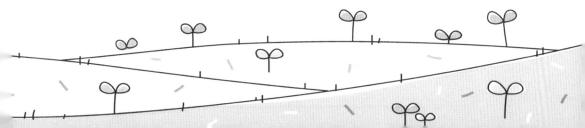

再想想，若是對方控他傷人，現場那些目擊者不反成了小偷的「證人」？

其實，給人教訓有許多方法，不是重重反擊就能得到勝利，也不是情緒反應就能把人嚇住，好像下面這個故事。

有個出身富庶之家的中年男子，這天在街上閒逛，走著走著經過了一間珠寶店。當他正要走過時，忽然從窗口撇見店內天花板上有個非常華麗的水晶吊燈。於是走進店裡向售貨員詢問：「請問，那個水晶吊燈要多少錢？」

售貨員看了看眼前穿著簡單的男子，心裡判斷著：「這傢伙看起來一點也不怎麼樣，哪有本事買下這個水晶吊燈？肯定是個無聊人來裝闊！」

售貨員心中偏見一起，便對男子不屑一顧，連開口應付的意願也沒有，只見他不理不睬，臉上還出現了嫌惡的表情。

那男子又問了一回，卻始終得不到售貨員的禮貌回應。

忽然，男子舉起手中的柺杖，跟著竟是猛力朝著天花板上的水晶吊燈重重敲擊，只見那水晶吊燈上妝點的琉璃登時碎落一地。

然後，男子回頭對著被此舉嚇得目瞪口呆的售貨員說：「現在，我可以知道這吊燈的價格了嗎？」

把水晶燈打碎，看似讓男子得到了情緒宣洩，也重重回報了售貨員的歧視以及冷漠的態度，但再轉念一想，做這個動作可一點也沒有佔得便宜呀！

美麗的水晶燈就此破碎損毀，同時也折損了這位有錢人的

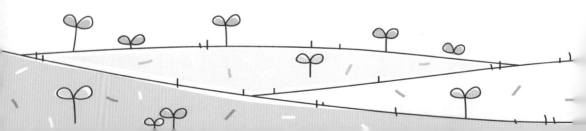

身分地位。原因無他，君子一旦與小人爭鬥，一般情況是，人們對小人早已否定，無論結果如何，也不會增加人們對他的肯定，然而君子表現出的爭鬥醜態，忽然臉色大變，工於心計，與人們平時的觀感肯定要出現落差。

若因此而使我們失去的反而比得到的快感多，那不是太得不償失了嗎？

其實，挽回面子的方法很多，擊敗對手的技巧也很多，只要不被情緒煽動，不用情緒化的動作，自然能想出絕妙的反擊方法。

大可不必衝動地把水晶燈打破，只要自在地走出門，然後靠他在地方上的聲望與地位，向人們傳播該店員工服務態度之差，那麼還怕該店老闆不親自帶著該名員工登門道歉！

又好像貝利，何必給那小偷一個巴掌呢？大聲對著人們說「他是小偷」，並提醒現場是否其他受害人，然後再把他扭進警局，給他這樣的教訓是不是更具積極的作用？

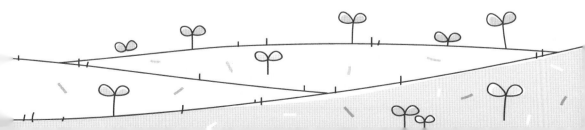

口是心非不如機智應對

不必口是心非說假話，也不必昧著良心編謊話，當脾氣或真實感受不能直接表示出來時，不妨轉個彎，或是借物比喻。

在某個地方，有一個非常獨特的風俗習慣，村裡往生的人下葬時，必須要有一篇祭文來悼念亡者，若是沒有人致哀悼詞，往生者是不能埋葬入土的。

悼念文要怎麼寫才好？

根據當地人們的習慣是，以尊重死者為要，所以詞句必須得是「稱讚」死者的話，而且最好是越誇張越好。

然而有一回，當地有一名惡名昭彰的傢伙往生了，卻遍尋不著肯為他寫祭文的人，因而遲遲未能下葬，這也讓他的屍體在家裡多擺了兩天兩夜。直到第三天，總算有個鄰居因為看不下去了，答應為他寫份悼詞。

下葬這天，也是由這位好鄰居來唸這份悼詞。在棺木前，只見鄰居嘆了口氣說：「嗯，各位先生女士們，我們都知道這個死者是誰，他不只是一個小偷，還是一個騙子，更是一個嗜酒如命的傢伙！不過，我們也知道，若和他那兩個兒子相較，那他還算得上是一名正人君子！」

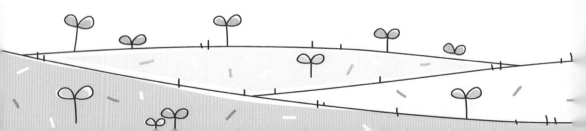

聽完這位好鄰居的悼文，想必讓不少人拍案叫絕吧！不必口是心非說假話，也不必昧著良心編謊話，卻仍能給亡者一個「肯定」安慰，的確絕頂聰明有智慧，同時也說出了「上樑不正下樑歪」的實情。

透過這簡單的悼文，我們也學習到了說話的技巧，當脾氣或真實感受不能直接表示出來時，不妨轉個彎，或是借物比喻，這都是不錯的方式，好像下面這一則例子。

在飯店內，約瑟夫請服務生拿幾個瓷煙斗，不一會兒，服務生便拿了三個過來。可是，當服務生將煙斗擺放到桌上時，卻一個不小心把這幾個瓷製的煙斗全都碰倒在地上，轉眼，一個個精緻的煙斗全都破裂損壞了。

約瑟夫沒有當場大罵，只是意有所指地說：「這些煙斗肯定是用『十誡』做成的！」

「十誡？這怎麼說？」朋友不解的問。

「因為，它們就像十誡一樣非常容易被『打破』！」約瑟夫嘲諷地說。

從小地方觀察，我們不難看出一個人的成功失敗。十誡難守，瓷製精品易碎，同時也暗諷著老是破壞規矩的人，他們說十誡難遵行，精品難照顧，其實說穿了是他們做事不夠嚴謹，生活態度隨便所致。

如果我們不能妥善運用智慧，使自己成為生活的真正主人，那麼我們就會因而淪為生活的奴隸。

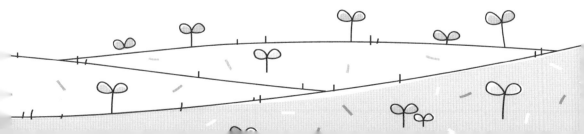

話要說得有智慧，必須自己去學習去體驗，然後在生活之中多用巧思應對，自然也能展現漂亮的機智反應。

　　除此之外，再從兩位主角的機智表現抽離出來，想想服務生的不謹慎動作，與惡人得不到人們的同情幫助，我們也能深刻明白處世態度的重要。

　　個人價值看似要到終點才能批評成果，但這價值總是點滴累積而來的，切莫因惡小而為之。

　　同樣的，工作態度稍有一點漫不經心，不小心打破其中一「誠」，很多時候我們將付出的代價超出了那三只瓷品的價值！

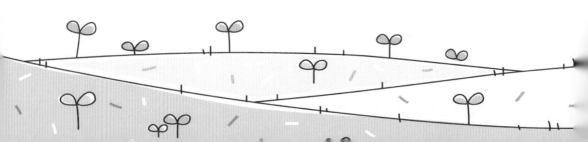

輕輕反手，就能擊退對手

即使對手虛張聲勢地挑戰，我們也無須挑起情緒對抗。輕輕反手，就能擊退對方；用輕鬆幽默的態度面對，便能讓穩站成功的地位。

有一天，鋼琴大師李斯特到克里姆林宮表演，但是當他開始演奏時，沙皇卻還在與人談話。於是，他忽然停止了演奏動作，沙皇見狀問：「怎麼不彈了？有什麼問題嗎？」

只見李斯特站了起來，謙卑地鞠了躬，然後說：「陛下說話的時候，我理應保持緘默啊！」

聰明的李斯特沒有直言「安靜」，而是以幽默的態度，要沙皇與他一同思考「尊重」兩字。當主角在說話時，一般人都會安靜聆聽，不插話、不私語，因為多數人知道這是待人接物的基本禮貌；相同的道理，當李斯特開始讓鋼琴「說話」時，其他人是不是也該懂得尊重，立即讓對話聲停歇，安靜地聽一聽鋼琴怎麼「說」呢？

這是李斯特在故事中給人的機會教育，除了表達「尊重」的重要性外，還有更深的寓意：「如果有人無視於你的存在，或是有心挑釁時，千萬別用怒火反擊，而是要保持風度，用你

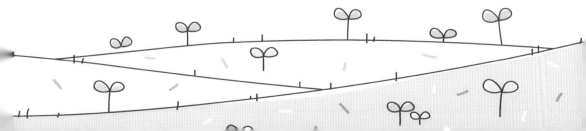

的智慧找出最恰當的辦法,在扳回一城的同時,還能讓對手輸得心服口服。」

除了李斯特外,美國女演員班克海勒也曾有過類似的精采表現。

據傳,有位女演員對班克海勒的成就頗不服氣,常對人們說:「班克海勒有什麼了不起的,我只要一站上台,隨時都能搶走她的戲!」

班克海勒聽到後,只淡淡地說:「是嗎?那也沒什麼,我甚至人在台外也可以搶走她的戲!」

在一番唇槍舌劍之後,終於讓她們等到一較高下的機會,也讓班克海勒找到機會證明自己的實力了。

在那次演出中有這麼一幕,那位誇下海口的女演員飾演這幕戲的女主角,演出的角色必須全神貫注打電話,而班克海勒則扮一個一閃而過的角色,那個角色是女主角的一位親密好友,因為不想再與女主角閒聊,因而很快地便退場。在這幕戲中,她還必須表現出個小動作,就是在退場時,將手中半滿的酒杯隨手擱在桌上。

只是,人都退場了,她又怎能搶走女主角的戲呢?

其實,來搶戲的正是那杯香檳酒。原來,班克海勒退場時隨手將酒杯擱在桌子邊緣,還很不小心地讓杯底一半在桌面上,一半懸在桌外。

這個危險的畫面讓觀眾們看得出神,目光全集中到酒杯上,還緊張得連氣都不敢喘,深怕一有風吹草動,杯子便掉了下來,至於女主角在表演什麼,就沒有人去注意了。事後大家

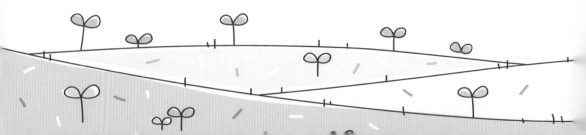

才發現，原來聰明的班克海勒在杯底黏了一塊膠布，好讓酒杯能穩穩地懸掛在桌邊，久久不掉。

在這一幕中，沒有怒目相向，也沒有口水爭執，一片小小的膠布就讓班克海勒贏得了勝利，僅憑這份機智巧思，便足以讓她穩坐一姐的地位了。

現實生活中，總不乏高傲的挑釁者，不思考如何讓自己更加精進，只想著與人較量，老是以為只要用蠻力便能贏過對手。殊不知，這些人自己才智不足，徒有過人勁力卻腦袋渾沌，始終使錯力量、打錯目標，最終仍是盤盤皆輸。

逞口舌之快不難，但是想真正站在成功的頂峰卻不容易；要誇張自己的實力很簡單，但是我們都知道，吹噓出來的能力根本經不起一試，不是嗎？

我們從班克海勒的身上，其實也得到了一個啟示，只要自己有能力，就不怕人們否定的聲音。即使對手虛張聲勢地挑戰，我們也無須挑起情緒對抗。只要冷靜應對，輕輕反手，就能擊退對方；用輕鬆幽默的態度面對，便能讓穩站成功的地位。

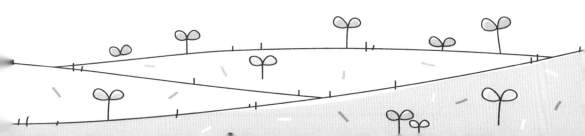

換個方向就能找到希望

 人和人之間的衝突之所以會發生, 往往是我們懶得轉個彎想辦法, 總固執堅持於一個思考方向, 結果不只傷了對方, 更傷了自己。

　　在幽默趣味中更顯智慧的表現, 是許多名人軼事中最常出現的故事, 看見他們為自己爭取權利的機智, 想必讓許多人佩服不已, 經常這麼想:「為什麼別人就是有辦法輕鬆解決問題, 或為自己爭取應得的權利呢?」

　　其實, 生活中的所有問題都能簡單地歸結在一個「人」字身上, 只要扣住這個核心再抽絲剝繭, 自能慢慢找出解決的辦法。

　　有一次, 英國畫家兼雕塑家威廉・霍格思臨時受命, 要為一個其貌不揚的貴族繪製肖像畫。

　　但畫像完成之後, 問題卻來了。由於威廉・霍格思十分寫實的人物繪畫特色, 竟惹毛了這位大人物, 不僅拒絕收貨, 更不願意付錢, 不管霍格思如何據理力爭, 始終得不到任何結果。

　　霍格思心想:「不行, 我一定要維護我的權利, 更需要這

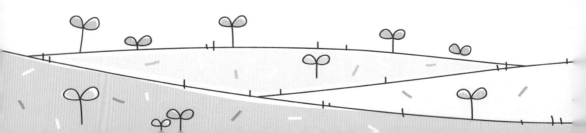

筆錢來維生。」

　　霍格思想出一個妙計，只見他找出紙筆，匆匆寫了一封信給這個貴族。

　　信上寫著：「大人您好，最近有個專門展覽野獸、畸形人和怪人畫作的朋友來訪，他對於您那張肖像畫十分感興趣，願意以高價收買。對不起，我實在很需要錢，因此如果您在三天之內仍未回覆，或是沒有購買您這張肖像畫的意願，那麼我打算把這幅畫像稍稍加點工，像是加個尾巴和其他器官之類的，然後高價賣給那個人去展覽囉！」

　　貴族一收到這封信，擔心自己丟人現眼，便立即派人將錢送來，並要求下人當場將他的肖像畫燒了。

　　就故事中的霍格思而言，自己的權利是重點，貴族的權勢也是重點，不過追根究底，問題始終都在這個大人物身上，因此若想解決問題，當然得把重點聚焦在貴族的身上。

　　於是，我們看見聰明的霍格思，針對了貴族最在意的「面子問題」。畢竟從貴族邀畫，到圖畫完成後拒絕付錢，不都在在顯示出那名貴族有多麼愛面子嗎？從這個角度切入，霍格思想到了解決問題的方法，反正不管是加尾巴還是在臉部補幾顆痣，對貴族來說都不是重點，重點是霍格思準備將他其貌不揚的長相公諸於世啊！

　　轉個彎，霍格思以同樣的作品爭回自己應得的報酬，或者我們也可以這麼說，人和人之間的衝突之所以會發生，往往是我們懶得轉個彎想辦法，總固執堅持於一個思考方向，結果不只傷了對方，更傷了自己，不是嗎？

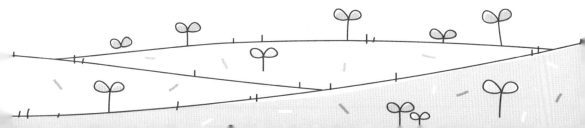

PART 2

用幽默化解彼此的衝突

遇見爭執或意外時，
用幽默的態度面對，
懂得運用機智和幽默來化解衝突，
才是真正有智慧的人。

換個角度糾正對方的錯誤

應該冷靜面對人與人之間的爭執。很多時候,只要換個角度,就能輕鬆指出對方的錯誤,何必罵得臉紅脖子粗?

　　警察剛抓到一個現行犯,那小偷極力撇清:「警察先生,我沒有罪。我只是被人利用的工具而已,工具是沒有罪的呀!比方說,如果有一個人用刀殺了人,那麼錯的不應該是刀,而是人才對呀!」

　　警察點了點頭說:「是嗎?那你是說你是被人利用的工具囉!」

　　罪犯用力地點頭說:「是的!請您放了我吧!」

　　只見警察搖了搖頭說:「不,得請你跟我到警局一趟。」

　　「為什麼?我又沒有罪!」犯人大聲地辯駁。

　　警察冷靜地說:「別動!因為按照法律,『作案工具』是要被沒收的。」

　　這小偷還真會掰,犯罪被抓之後,硬是把責任推光光,還以為這樣的藉口會讓他躲過責罰。只是他恐怕沒料到,這個警察智慧過人,又輕巧地把責任再帶回他身上,把自己反駁得啞

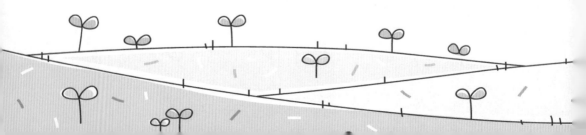

口無言，面對如此聰明的執法者，想必再狡猾的賊也逃不出法網吧！

　　生活中有不少類似的情況，遇到那些老愛口出惡言的問題人物，不妨換個角度糾正對方的錯誤。

　　有一天，巴布洛又因為辱罵鄰居而被罰錢了，這次還是為了一個「豬」字，法官這一回罰了他五十塊美元。

　　巴布洛一聽，連忙抗議道：「法官先生，您這麼做怎麼對？上一次我不也同樣罵他是頭豬嗎？當時您只罰我三十塊美元呀！」

　　「我知道，但很抱歉，這件事我實在無能為力，因為豬肉已經漲價了。」法官神色平靜地說。

　　讓人捧腹大笑的「豬肉漲價」四個字，應該給了巴布洛些許警惕吧！

　　看得出巴布洛是個頗情緒化的人，所以才會常常口出惡言，處處得罪人，仔細想想，其實不少人和巴布洛一樣，怒氣來了總得一股腦地傾洩而出。但是，事情真的非得弄得那麼嚴重嗎？

　　別再口出惡言到處傷人，不管罵人理由多正當，這行為終究是不對的。

　　是非對錯總有一個標準，應該冷靜面對人與人之間的爭執。很多時候，只要換個角度，就能輕鬆指出對方的錯誤，何必罵得臉紅脖子粗？

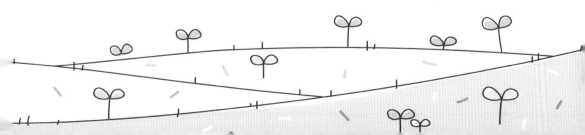

用幽默化解彼此的衝突

遇見爭執或意外時，用幽默的態度面對，懂得運用機智和幽默來化解衝突，才是真正有智慧的人。

英國作家查爾斯曾說：「機智的舌頭往往比幼稚的拳頭，有更大的作用。」

的確，動不動就跟別人發生衝突，只會更加突顯你無法駕馭自己的「幼稚」，唯有機智和幽默的語言才是化解自己和別人衝突的最佳應變智慧。

有一天，美國喜劇女演員卡羅・伯內特搭乘計程車到表演場地。可是，當她跨出車門，大衣後襬卻不小心被車門勾住了，就在同時，司機剛好踩下了油門徐徐前進，沒有察覺到伯內特正與車門搏鬥。

車緩慢地前進，也正慢慢地加快中，於是伯內特不得不跟著計程車跑了起來。就在這個時候，有位路人看見了，連忙跑到車前阻攔；司機見有人阻擋連忙停車，才發現伯內特正站在車門旁邊，還用力地拉扯著她的衣服。

司機見狀，連忙下車幫她打開車門。

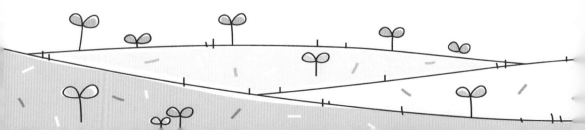

「對不起，您沒事吧？」司機關切地問道。

「喔，我沒事！但是，不知道我還要再付您多少車費呢？」只見伯內特氣喘吁吁地說道。

看完這個故事，不知道伯內特在你心中留下了什麼樣的印象？

用幽默的方法表達自己的想法，遠勝過破口大罵。

一句「還得付多少車錢」，我們也看出了伯內特的生活態度，她沒有像其他人一樣，大聲責難司機的不是，反而以幽默的態度面對一般人可能氣炸的事，其中的包容與寬大，想來是許多人缺乏的修養吧！仔細想想，如果換成是你，你會怎麼處理這個小意外呢？

在自我反省之際，再看一則和伯內特情況相反的例子，那是作曲家賈科莫‧普契尼和義大利指揮家阿圖爾‧托斯卡尼的一個小爭執。

這兩位音樂大師是樂壇中最著名的合作搭檔，不但交情匪淺，每年耶誕節前夕，賈科莫都會特別訂製一個大蛋糕給他的樂壇摯友。

但是，有一年的耶誕節前夕，賈科莫和阿圖爾不知道為了什麼原因吵了一架，事後賈科莫還急匆匆地要收回送給老朋友的蛋糕。

只是，蛋糕店卻說：「對不起，蛋糕剛剛送出去了。」

賈科莫沒辦法，只好回家再想法子。

結果第二天，阿圖爾忽然收到賈科莫的電報，上面寫著：

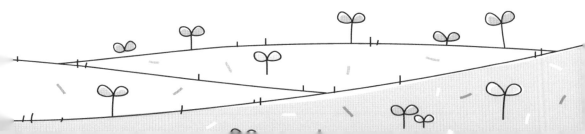

「蛋糕錯送了。」

阿圖爾也立刻回敬說:「很抱歉,吃錯蛋糕了!」

這兩個小故事,讓我們看見了兩種不同修為的人。其實,生活中最重要的部份不在於個人的成就有多高,而是在於我們待人處世的態度。不隨意對人發脾氣,遇見爭執或意外時,不忘先反省自己,然後用幽默的態度面對,如此才能得到並看見屬於我們的快意人生。

反之,若是凡事都先責怪別人,小小的爭吵也老是掛記在心上,甚至任憑一時的情緒淹沒那段深交的情感,未免太傻了吧!就像兩個音樂家一樣,太過堅持自身感受與顏面的結果,最終換得的並不會是宣洩的快感,而會是越來越讓人「嘔氣」的不滿啊!

思考到這裡,聰明的你是否想到了化解的辦法呢?

古羅馬思想家塞涅卡曾經這麼寫道:「化解衝突的最好良藥,就是含有幽默感成份的機智。」

面對衝突,毫不畏懼的人,充其量只能稱做是匹夫,懂得運用機智和幽默來化解衝突,才是真正有智慧的人。

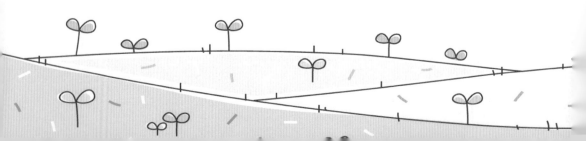

直言不諱，很難全身而退

待人處事不是用咄咄逼人的方式就能得到自己
想要的，能聰明退讓，懂得用幽默回應，反而
更能讓人得到一條全身而退的平安路。

　　某天，伊麗莎白女王臨時決定拜訪培根的府邸，但一踏進
培根府邸，臉上卻露出了鄙夷的神情。

　　原來，一向生活在宮廷大院裡的英國女王，平常只到其他
貴族或高官們的大宅訪問過，接觸到的全是些奢侈華貴的豪
宅，當她看到如此簡樸普通的法官宅院時，忍不住驚訝道：
「法官大人，您的居所未免太小了吧！」

　　站在女王身邊的培根，這時抬起了頭，故作認真地細細端
詳著自己的屋子，接著聳聳肩說：「女王陛下，我的居所看起
來其實挺不錯的啊！您會覺得太小我想這應當是因為女王陛下
您太抬舉我，忽然駕臨寒舍，因而女王偉大的光芒便佔去了寒
舍大半空間，所以空間自然要變小了。」

　　也許有人會對這樣的阿諛奉承感到厭惡，質疑何必用笑臉
回應帶有偏斜眼光的女王。

　　這麼想其實也沒什麼錯，只是再仔細想一想，直接擺臭臉

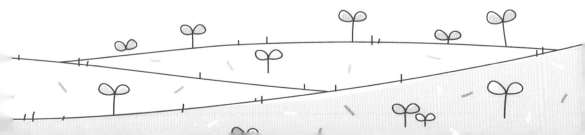

接待女王,又或是直言女王不知民間疾苦,對培根來說又有何益呢?

　　生活是以解決問題為要,沒有必要為自己製造麻煩和問題,特別是在人際交流上,與其恣意宣洩不滿情緒,不如輕鬆看淡,不再多加理睬,反而更能享有愜意的人生。

　　有一年,法國哲學家伏爾泰因為譏諷攝政王奧爾良公爵,而被囚禁在巴士底監獄時的省悟。

　　這名在監獄裡吃盡苦頭的哲學家,反覆省思著:「這個人真是冒犯不得,我出獄後雖然不想再與他交流,不過總得為自己留個後路吧!」

　　在監禁期間,伏爾泰反覆思考出獄後的化解辦法,最後決定:「總之,退一步海闊天空。」

　　出獄後,伏爾泰立即登門拜訪:「感謝公爵的寬宏大量,不再計較,只給了我這麼一點小教訓,謝謝!」

　　看見伏爾泰竟然登門道謝,奧爾良公爵也有些不好意思,心想:「這傢伙雖然愛譏諷人,但畢竟是個頗具影響力的人物,當初真不該如此衝動,還是早早與他化干戈為玉帛才對!」

　　於是,這兩個人禮尚往來,禮貌地打躬作揖了好一段時間,並互相說了許多奉承與讚美之詞。

　　最後,伏爾泰再一次表示感激,幽默地說道:「公爵,您真是個樂於助人的大善人,當初若不是您擔心我的食宿問題,我這十一個月的時間,恐怕早在街上凍死或餓死了,我真心要再次向您表示感謝。請放心,您以後不必再為我擔心這件事

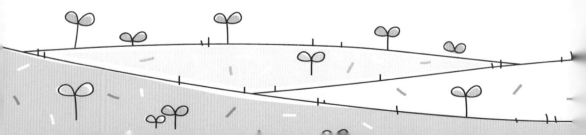

了。」

日常生活中，有一些人是我們得罪不起的，與其直言不諱，和他們發生爭執衝突，不如用幽默的方法表達自己的想法。

在這兩則故事中，我們看見了一句句微笑退讓的應答，也讓我們體會到這兩位哲學家的生活智慧，更讓我們明白了，待人處事不是用咄咄逼人的方式就能得到自己想要的，能聰明退讓，懂得用幽默回應，反而更能讓人得到一條全身而退的平安路。

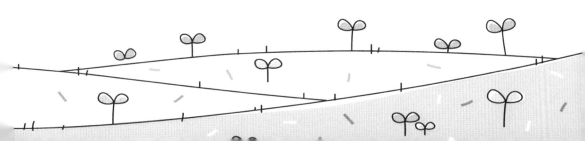

多說好話,就可以減少摩擦

 想規勸他人,要少一點針對,也要少一點嚴苛的指責,最簡單的方式就是多站在對方角度思考問題,多體貼對方的感受。

有位神父最近觀察到一個情況,每當他傳道的時候,聽眾之中有好幾個總是會打瞌睡,有的人甚至還非常不禮貌地鼾聲大作。

偏偏這些人在別的神父傳道時,卻一個個都能精神抖擻,凝神專注,甚至連眼睛都不曾眨一下。

有一回,這神父傳道完之後,忍不住滿腹疑問地走到一位剛醒來的信眾身邊問道:「為什麼你在我傳道時都會打瞌睡,在別的神父傳道時卻不會呢?」

這聽眾聽了,先是打了個哈欠,然後伸了伸懶腰說出理由:「原因很簡單啊!因為你傳道的時候,我們絲毫不會懷疑你說的話是否正確。但是,其他神父來向我們傳道的時候,我們可不敢有這樣的想法,所以,我們不得不好好地監視他、盯住他。」

神父雖然心中仍有些困惑,但聽見信眾如此肯定自己,不覺有些飄飄然,對於信徒的話就毫不懷疑的接受了。

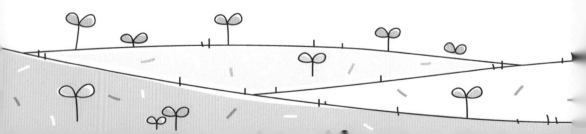

　　當神父開心地接受信徒的理由時，想必令不少人莞爾，當然也讓人對這名信徒的機智回應深感佩服吧！

　　從另一個角度看，明明是聽講聽到打瞌睡，明明是這位神父演講不如別的神父精采，但信眾卻還能想如此漂亮的說詞，體貼保護神父的面子問題，確實不是一般人能及的。

　　日常生活中不少人在待人應對時都習慣直接回應，總是忘了關照別人的想法與感受，忽略了體貼他人的情緒，以致人際互動時增添了不少摩擦。

　　若是雙方互有心結，見面對話總是針鋒相對，不見和氣，爭執便一觸及發好像下面這個例子。

　　有位美國牧師剛從英國訪問回來，正準備搭火車返回家鄉，一走進車站大廳，就碰上了所屬教區的一位居民。

　　「拉姆先生，你怎麼在這裡？難道小鎮出了什麼事？」牧師擔心地問道。

　　「是的，牧師先生，發生了一件非常悲慘的事。唉，就在你離開美國之後不久，一場龍捲風捲走了我的家。」拉姆哀怨地說。

　　牧師搖了搖頭說：「親愛的，我就知道！我一點也不覺得驚奇，拉姆，你還記得嗎？我早就警告過你了，你卻一點也不聽，依然故我，一味放縱自己，還偏執地用錯誤的態度生活，這真是惡有惡報，誰都無法迴避啊！」

　　拉姆聽了，很不以為然地說：「牧師先生，就我所知，那場龍捲風似乎也把你的家給捲走了！」

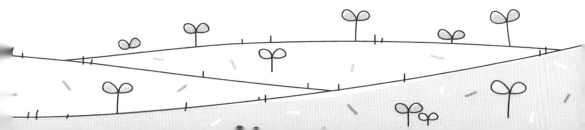

「喔，是嗎？」牧師聽了驚呼一聲，但旋即便冷靜下來：「阿門，想必上帝以為我去了英國之後便再也不回家了！」

牧師用機智為自己解了圍，但是恐怕很難圓融兩個人的關係了，當牧師不懂將心比心，體會別人受災的心情，還硬要把慘劇歸給因果，甚至在別人身心俱疲的時候大加斥責，顯然十分不通人情。

想規勸他人，要少一點針對，也要少一點嚴苛的指責，最簡單的方式就是多站在對方角度去思考問題。多體貼對方的感受，然後順著這份體貼心，尋找對方較能接受的勸告，如此一來，才能真正達到圓滿勸諫的目的。

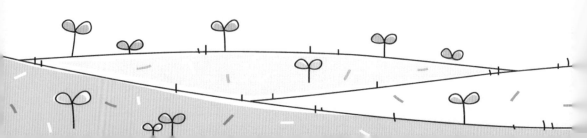

幽默面對，讓對方無言以對

冷靜且理性地聆聽對方的冷嘲熱諷，然後聰明地挑出嘲諷話語中的漏洞，再機智地反駁，才能將對方駁斥得無言以對。

毛拉和幾個朋友到野外郊遊，一行人在田野間開心地哼著小曲。

突然，林間傳出陣陣牛的鳴叫聲：「哞……哞……」

朋友們轉頭看著傻氣十足的毛拉，不懷好意地對他說：「喂，那牛在叫你啊，你快去聽聽牠到底在說些什麼？」

毛拉笑著點了點頭，然後便奔入樹林裡，不一會兒，便見他跑了回來。

「快點，快點，牠到底跟你說了些什麼？」朋友們強忍著笑意問道。

毛拉吐了一口氣後說：「好吧，我就老實告訴你們，那牛剛剛問我：『你為什麼要跟那幾頭野驢一起出來溜達呢？』那牛也真是的，大概眼睛有毛病，竟然把你們看成野驢了！哈哈哈！」

欺負毛拉不成，反被毛拉嘲諷的友人們，滿臉尷尬地望著彼此。

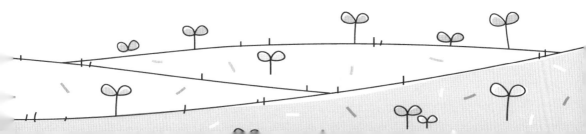

毛拉的朋友有心欺負人,沒想到卻被反將一軍,想像他們的窘樣,還真是趣味十足。

　　冷眼嘲笑、戲弄別人雖能得一時笑料,但最終結果到底是誰被玩弄了,常常是另一個狀況,就像下面這個例子。

　　這天,毛拉來到市集,要買一頭毛驢回家,來到專賣驢的地方,那兒擠滿了人,毛拉怎麼也擠不進去。

　　這時,有個身穿華服的人經過,滿臉鄙夷的神情,輕視地說:「這鬼地方真是擁擠、髒亂,果然是農民和毛驢聚集的地方。」

　　毛拉聽了,上前問那個人:「您好,先生!我想您準是位農民囉?」

　　「不,我才不是農民。」那人驕傲神氣地說。

　　「不是農民?那您又是什麼呢?」毛拉冷冷反問。

　　那人一聽,這才想起剛剛說的話,只見他漲紅了臉,卻又不知道該怎麼反駁,至於毛拉則給了他一個冷笑聲,旋即便消失在人群中。

　　遇到類似的狀況,道理不必多說,更無須怒目相向,冷靜且理性地聆聽對方的冷嘲熱諷,然後聰明地挑出嘲諷話語中的漏洞,再機智地反駁,才能將對方駁斥得無言以對。

　　明知他人有心相欺,也聽出對方話裡帶刺,面對這類情況,冷靜是不二法門。能冷靜才能理性地想出「回敬」對方的方法,並讓對手口服心服於你的機智反譏之下,這才是真正的贏家。

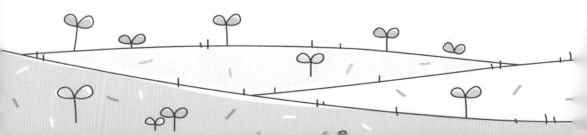

用幽默面對挫折，避免重蹈覆轍

只要我們能用幽默的態度面對生活的艱難，
也能冷靜思考跌倒的原因，記取教訓，人生
路必定能順心如意！

　　在某節火車廂裡，有位猶太老人與一位俄國軍官面對面地坐著，不久老人拿出了青魚開心地吃了起來。俄國軍官看著他，態度有些不屑地問道：「為什麼大家都說你們猶太人很聰明呢？」

　　猶太老人笑著對俄國軍官說：「我們是很聰明，但卻不是天生的，這一切全得歸功於青魚頭！」

　　「青魚頭？那是什麼意思？」俄國軍官問。

　　老人家神情得意地說：「因為，我們都是把整條青魚吃下肚。當別人都把魚頭丟掉時，我們可是連頭都吃下肚，所以比別人聰明囉！」

　　這俄國軍官一聽，若有所悟地說：「原來如此。我懂了！那麼，你能賣給我兩個青魚頭嗎？」

　　老人一聽，很爽快地答應：「非常樂意，給我兩個盧布吧！」

　　俄國軍官從老人手中拿過兩顆「魚頭」，雖然這魚頭聞起

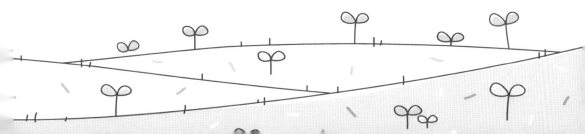

來有些噁心，但為了「聰明」，還是一口氣把兩顆青魚頭全吞了下去。

才剛吞完青魚頭，軍官忽然想到什麼，大喊道：「老傢伙，竟敢騙我錢，你買的青魚哪有這麼貴！」

猶太老人聽了，微笑地點頭說：「你看，這不就馬上起了作用？」

看著猶太老人輕鬆應付，讓人也感到一陣輕鬆快意。

是呀，何必跟人爭得面紅耳赤，與人辯得口沫橫飛呢？靈活運用自己的機智幽默，不就能讓兩個人的才智分出高下？

再從俄國軍官的角度思考，這個難得的機會教訓，每個人一生之中都有許多學習的機會，但不是每個人都能得到教訓，有不少人總是要等到受騙上當或失敗挫折的時候才知道：「他們說的話還真有道理。」

雷諾不顧家人的反對，飛奔進牧場，執意要參加這場「無鞍」的騎馬比賽！但沒想到，才坐上馬背不到幾秒，旋即被馬狠狠地甩到了地上，這一摔，還讓他昏迷了過去。等他甦醒了之後，朋友到醫院探望，關切地詢問：「你還好吧？現在覺得怎麼樣呢？」

沒想到雷諾竟說：「還不錯！這場意外讓我終於了解了我父親的遺願！」

「遺願？你父親也想參加無鞍騎馬比賽？」朋友問。

「不，他老人家一直希望我做事能『三思而行』！」雷諾尷尬地說。

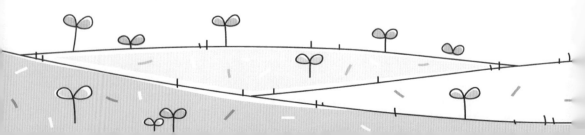

就像雷諾一樣，我們總是要等到自己遇上了，才會領悟個中道理。不過，其中利弊，有些時候得視情況而定。

從另一個角度思考，這兩則故事中的主角情況其實也不算壞，雖然傷害造成了，也付出了一定的代價，但吃了苦頭之後，只要能好好記取教訓，別再歧視他人，也不要自視過高，從此事事都能「三思而行」，那曾經失去的將會以加倍的數量還給他們的。

別埋怨生活中為何有那麼多陷阱，也不要抱怨人生困難重重，其實人生不怕犯錯跌倒，只怕一再地重蹈覆轍，只要我們能用幽默的態度面對生活的艱難，也能冷靜思考跌倒的原因，記取教訓，人生路必定能順心如意！

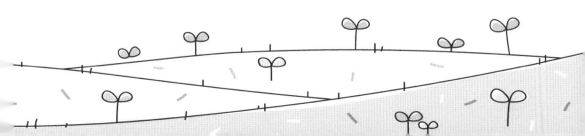

活用機智，替自己留條退路

 說話和做人一樣，要多一點「靈活」的空間，與其說得絕對，不如留點退路，讓自己在犯錯時能找到喘息的空間和進步的機會。

某一年，阿拉斯加某個小鎮的牧師去世了，當地居民立即組了一個徵求新牧師的委員會，並由該會人員向紐約全國牧師分配委員會申請新任牧師。

可是，該鎮居民等了又等，委員會成員也非常積極催促，紐約總會卻始終沒派新牧師到任。

過了好幾個月之後，仍不見新牧師，讓委員會成員非常憤怒，其中一名女委員想了又想，最後寫了一封信給紐約委員會主席：「主席您好，您千萬別派牧師來本鎮，因為我們發現，犯罪比上教堂更加有趣！」

就在那封信寄出之後的第三天，新牧師便出現在那個小鎮了。

在這個帶點「恐嚇」的字句裡，我們不僅看見了該委員的聰明，更學到了逆向操作有時更時解決難題。既然正面要求得不到回應，不妨以反向逆的作為來突破。

從「犯罪比上教堂更加有趣」這句諷刺的話，我們也發現，確實有些情況越是中規中矩，越無法把問題解決。反向操作，倒著前進，反而更能吸引對方的目光，甚至會更用心聆聽我們的訴求。

生活本該圓通，硬梆梆的道理和要求很難服眾，太過僵硬的規範，常常會帶來極大的反彈，甚至是破壞。

再聽聽下面這個有趣的例子，從中我們將更見「反思」的趣味。

有位神父諄諄告誡大家不要喝酒，常說：「酒，是人之大敵！」

許多神職人員經常言行不一，這名神父恰好也是，是個嗜酒如命的酒鬼，經常偷偷躲起來喝得爛醉。

有一天，他又喝醉了。本來躲在這個地方應該是不會被人發現的，偏偏他醉得糊塗，竟連連高呼：「哈里路亞！哈里路亞！哈里路亞！」

「神父！你喝酒啊？你……你不是說過酒是人類的敵人嗎？」循聲找來的村民，發現神父竟然喝酒，都很訝異。

神父看見信徒，先是一驚，而這一驚似乎讓他有些醒了，支支吾吾地說：「喔！是啊！那個……對，你不知道《聖經》上還有一說嗎？」

村民皺眉看著神父，神父深吸了一口氣，接著微笑地說：「親愛的，要愛你們的『敵人』呀！」

的確要好好愛自己的敵人，若不是生活中的競爭對手，又

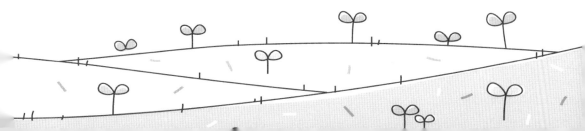

怎麼激得起鬥志，又如何能從敵人身上映照出自己的缺點和不足！

　　神父的前言後語雖然十分諷刺，但也告訴我們，說話和做人一樣，要多一點「靈活」的空間。

　　不是非要把話說得死死的才具說服力，也不是非要把自己設在一定的規矩中才能取得別的信任，與其說得絕對，不如留點退路，讓自己在犯錯時能找到喘息的空間和進步的機會。

　　不論是以「反話」刺激人行動積極，還是援引另一個正面的話補救自己的缺失，都是要告訴我們要多培養靈活變通的機智，好讓我們在面對困難或遇到危機時，能靠著「靈活思考」扭轉劣勢。

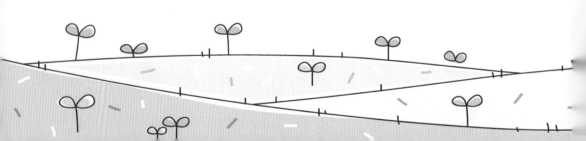

沒有欺騙之心才能安穩前進

人和人之間要的只是一個無私、無愧的互動，謹守公正，對人對事沒有欺瞞的私心，無論走到哪都能帶著滿足的微笑。

某天，某大牌律師叫秘書寫一封信給另一名律師。

秘書問：「先生，這封信的開頭要怎樣寫？是『尊敬的先生』嗎？」

這名律師一聽，瞪大了眼說：「尊敬的？他在業界可是出了名的狡詐，還是人人皆知的騙子呀！你絕不能那樣稱呼，這麼吧，就寫『親愛的同行』吧！」

這個「親愛的同行」想必讓不少人忍不住笑著喊「妙絕」。這名頗有自知之明的大牌律師，似乎對自己扮演的角色頗有自信，雖然隱隱背負著騙子之名，也自知自己有些滑頭作風，但他似乎並未因此感到不適，反而幽默正視，還反嘲同為律師的朋友。

再看看底下這個例子，同樣也是在法律世界裡的是非與嘲諷。

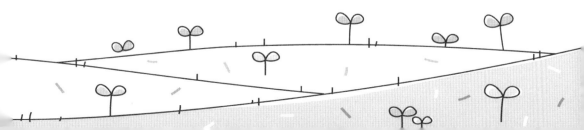

「你這傢伙根本是個騙子！」法庭上，原告律師怒氣沖沖地對著另一頭的被告辯護律師怒吼。

「我是騙子？你才是謊話連篇的混蛋！」被告的辯護律師也不甘示弱地喊叫回去。

「安靜！安靜！」法官猛敲著小木槌，大聲制止兩方律師的爭吵。緊接著，又補了一句說：「現在，雙方律師都已經表明自己的身分了，那麼我們繼續審理這件案子吧！」

想想現實社會中，對於律師角色的信任與不信任，或許每個人心中各有一番感想和體悟吧！

姑且不談律師角色的問題，無論我們在什麼樣的工作領域中，務必要培養專業態度，更緊緊守護職業良心和道德，能如此，這條路才能走得長久。

聽見前輩們的話時，你心裡又是什麼想法？又是否認同呢？

也許有人會說，凡事總得視情況而定。只是，無論在什麼樣的情況下，最終我們還是要問心無愧。若是有一天回首發現步步皆錯，恐怕不能像上面的故事那樣說說笑笑便過了，有可能會是讓人頻頻懊悔的窘境，甚至是陷入無法挽救的危機裡！

幽默是人的情感的自然流露，可以直接讓對方卸下原有的心防，它甚至可以像潤滑油一樣，緩和原本僵持對立的氣氛。

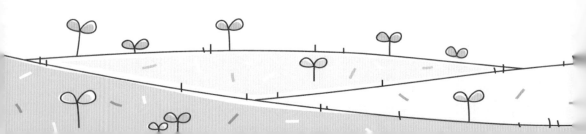

學會幽默，世界會更寬闊

 帶著謙卑心、帶著寬廣心來面對這個世界的人事物，我們自然會感受到心的寬闊，也能理智面對眼前的無限世界。

有一次，有人問霍加：「霍加，在這兒你到底是個有點學問的人，我想請你解答一個疑問，請你說一說，這個世界到底有多大？又是多少尺寸呢？」

霍加聽完問題，靜靜地想著如何回答，就在這個時候，正巧有個送殯行列從他們身旁經過。

霍加好奇地轉頭過去看，忽然，只見他指著棺材說：「唔，躺在棺材裡的那個人，肯定會給你一個最好的答案，去問他吧！因為，他剛剛測量過。」

你覺得這個世界到底有多大呢？

若不從精準的科學角度去思考，從我們的人生經驗和智慧去省思，這宇宙的大小想來在不同人的心中各自不同吧！

世界不是「就這麼大」幾個字，地球的圓周雖然已被測量出一個數字，但如同人生一般，世界大小其實一直跟著我們的心境變化著。心寬，這個世界無論怎麼走都走不盡；心窄，隨

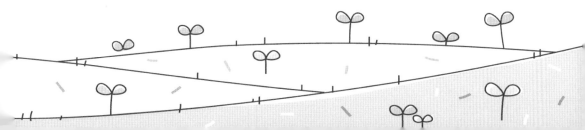

便跨一步便會碰壁。

　　換言之，想探測這個世界的大小，便得看我們選擇的角度，以及在待人處世時又是否敞開了心，如此才能看見心的寬廣。

　　看不見寬廣心的話，我們便得想一想，是不是滿肚子都被計較的心佔滿了，否則怎麼會不懂欣賞人們的幽默？

　　以機智幽默聞名的哈利斯是個笑話大王，總是能在幾秒鐘之內不假思索地講出一個笑話來。

　　這天，有位學者來拜訪哈利斯，他也聽說了哈利斯的笑話大王之名，於是向哈利斯說：「聽說你非常會講笑話，不知道你能不能說個笑話來聽聽，但是，你只能用『一句話』來表達，這應該難不倒你吧？」

　　哈利斯笑著說：「一句話？這『一句話』的笑話可多著，就怕我說了你完全聽不懂。」

　　「哈哈哈！說了我會聽不懂？這真是個大笑話啊！」那學者大笑駁斥著。

　　但學者笑了幾聲後，忽然發現自己竟被哈利斯耍了，只見他尷尬地呆在那老半天，想找個台階下卻怎麼也找不到，最後哈利斯拍了拍他的肩膀說：「嗯，看來你還頗有慧根的嘛！」

　　學者這才滿臉尷尬地說：「失敬了。」

　　如果有心計較這世上的人事物，世界再大，在我們眼中仍會是渺小的，就像故事中的學者，有心出難題考哈利斯，等著看他因為「一句話」而出糗的窘樣，卻未料機智的哈利斯循著學者的心機，藉由這「一句話」回應，輕鬆點出學者自以為是

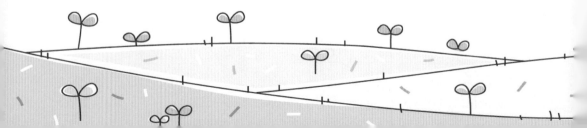

的缺陷。

當然，哈利斯也未負機智大師之名，在一番嘲弄諷刺之後，不忘為對方緩頰，再以一句「幽默慧根」輕鬆化解了學者的窘態，經過這次交鋒，也讓他的大師之名更加穩固了。

和世界大小一樣，人的潛能有多寬廣，想來很難探出一個標準，總之，帶著謙卑心，帶著寬廣心來面對這個世界的人事物，我們自然就會感受到心的寬闊，也能理智地面對眼前的無限世界。

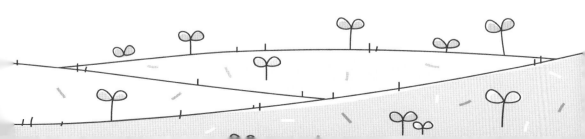

PART 3

用機智回應別人的諷刺

日常生活中，

我們難免會遇到一些人總愛給人冷言冷語，

更愛將人貶低，但無論如何，

請別為了這樣缺乏風度的話語動怒。

何必在意別人的敵意？

 所謂的敵意，不過是對方解不開的心結，別在意人們怎麼批評，也別再與人計較對立，因為環境的好壞取決於我們自己而不是他人。

作家雷普利爾曾經這麼說過：「幽默會帶來悟力和寬容，冷嘲熱諷則帶來深刻而不友善的理解。」

不要讓別人的敵意左右自己的意志，當現實環境不如預期的時候，何妨試著用幽默取代心中的怨懟？

如果你懂得發揮創意幽自己一默，許多看似無解的難題都會迎刃而解。

性格放蕩不羈，而且很喜歡譏諷當代大人物的伏爾泰，有一天忽然難得地讚揚一位同輩作家。只是就在他說完讚美後，一位朋友當場對他說：「聽到你如此讚揚那位先生，我心中真是替你不值。你知道嗎？那位先生可是經常在你背後說你的不是啊！」

「是嗎？照這樣看來，我們兩個人都說錯話了。」伏爾泰說道。

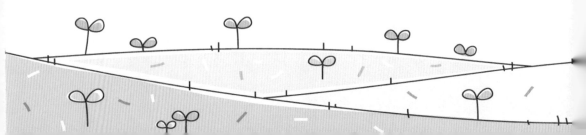

伏爾泰幽默風趣的回應，讓原本可能產生的對立情況輕易避免了。

對於人們的耳語消息，伏爾泰並沒有刻意理會，反而以更開闊的心胸來面對；他說的那句話雖然乍聽之下是不滿的回應，其實隱藏其中的卻是輕鬆幽默的人際交流的智慧。

試想，剛剛讚美一個人後，卻聽聞對方對自己私下批評，接下來許多人想必是轉而怒斥對方的不是，甚至是惱怒著自己的盲目，是不是呢？

再想一想，做出這些舉動後，對我們又有什麼樣的幫助？是否真能宣洩心中的不滿呢？

所以，還是輕鬆轉念，幽默看待吧！

英國哲學家休謨在某次晚宴上，聽聞一位客人抱怨：「這個世界處處充滿著敵對，人與人之間的對立情況實在太嚴重了。」

休謨一聽，頗不以為然地說：「不，情況絕非如你所說的那樣。」

客人以非常懷疑的眼神看著這個老哲學家，只見休謨微笑說：「你看，我以前寫過許許多多容易引起敵對仇恨的題目，其中有道德的、政治的、經濟的或是宗教的，可是我至今除了輝格黨人、托利黨人以及基督教徒外，就沒有其他敵人了。」

聽見休謨這麼說，也許你忍不住想問，這三組敵人難道還不夠多嗎？

事實上，多不多根本不是重點，休謨真正想表達的，不是

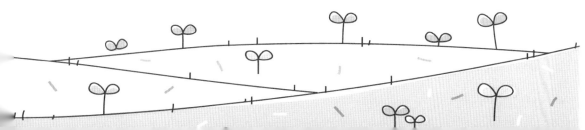

敵人的多寡,而是你用什麼樣的角度和心態看世界,就像伏爾泰對批評他的人的觀感一樣。

從這兩位大師的妙語中,我們也得到了一個啓發:面對他人的敵意時,結果會如何,其實是看你選取的角度而定。

所以,無論是面對輝格黨人、托利黨人或基督徒的仇恨心,還是作家的鄙視心,對休謨來說,他看見的世界依然是美好的,而所謂的敵意,不過是對方解不開的心結,並無礙於休謨建構心中的美麗世界。

相同的,對伏爾泰來說,無論從別人口中得到的是讚美或批評,全得看自己怎麼看待,如果是偏斜著眼看世界,那麼不管人們怎麼讚揚他,他的生活依然會呈現偏斜。

因此,別再在意人們怎麼批評,也別再與人計較對立了,因爲環境的好壞取決於我們自己而不是他人.

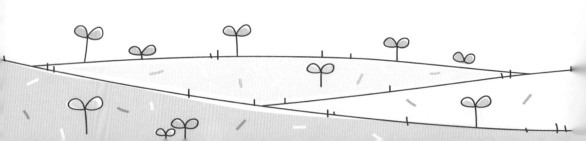

能積極溝通，人際自然暢通

人和人之間只要能積極溝通，人際間的關係
自然不會再被一些小事干擾、阻礙，人際間
的糾紛自然會在幽默的笑話間消失殆盡。

在某次宴會上，有個愛唱歌卻沒好歌喉的女人執意要為大家獻唱一曲「我的肯塔基老家」。

當她提出這個建議時，原本熱鬧的氣氛忽然變得很尷尬，人們臉上原來的笑容也登時消失，但在不得已的情況下，眾人只好苦著臉耐心聽完。

兩、三分鐘後，歌曲總算結束了，婦人神情愉悅地向大家鞠躬；就在這個時候，現場有位老太太忽然大聲地哭了起來。

主人連忙上前安慰：「希爾太太別傷心，想來這歌勾起您不少回憶吧？」

老太太搖了搖頭說：「不是。」

「不是？那您為什麼如此難過呢？」主人不解地問。

老太太嘆了口氣說：「唉，我是學音樂的！」

檢討一下我們自己，是不是也曾像故事中的女主角一樣愛現，甚至不知道自己五音不全，不知道人們巴不得搗起耳朵好

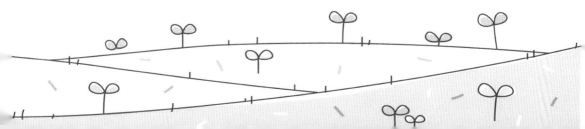

遠離魔音呢？

　　這則小小的幽默故事其實正表達出生活禮儀的重要性。不過，在細談禮儀之前，再聽個有趣的小案例。

　　在某座劇場中，一個新進的女歌手在唱完「如果我是一隻小鳥」後，便急匆匆地跑到台下，請教作曲家：「請問我唱得好嗎？」

　　沒想到，作曲家卻不捧場，反而惱怒地說：「假如我有一隻禿鷹，我一定會立刻把牠送給妳！」

　　當作曲家說出「禿鷹」時，女歌手想必也知道自己的成績了。

　　其實，在這個以唱歌為重要娛樂的年代裡，在大街小巷中，無論我們走到哪兒，隨時都可以聽見各種歌聲，雖然其中不乏美聲派的，但大多數讓人不敢恭維的「歌聲」，再加上還把音響開到最大，總是讓左鄰右舍苦不堪言。

　　勇敢一點的鄰居或許會微笑勸諫，但大多數人卻是滿腹牢騷、怒火，頂多是對著自家人大聲咒罵，然後讓問題繼續存在。事實上，這也是許多人在處理人際關係時，常抱持的消極態度。

　　看完這兩則故事之後，實力不足的人要有自知之明，別造成他人的困擾；相對的，當我們發現他人的缺點之時，也不應該刻意隱瞞或是暗地裡道人是非，因為那無濟於人際之間的融洽與和諧。

　　其實，人和人之間只要能積極溝通，人際間的關係自然不會再被一些小事干擾、阻礙，人際間的糾紛自然會在幽默的笑話間消失殆盡。

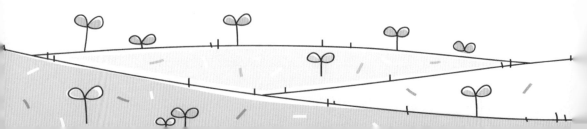

懂得反省才能有所前進

 別再暴跳如雷地大聲抱怨，而是該反省自己，仔細想想自己到底出了什麼問題，又有多少不如人的地方，如此才能有所進步！

以演出莎劇聞名的英國演員兼劇團管理員赫伯特·特里，有一回排練時，演員們的情況非常不順利，總是無法達到要求。

只見他皺著眉站在舞台上，又忽然指著一名年輕演員要他向後退幾步，這位演員也乖乖地退了幾步。

但是，過了一會兒，特里又喊卡了，只見他有些生氣地對著那個年輕演員說：「請再後退一點。」

這位演員乖乖照辦後，排演才又開始進行。但是才進行沒幾分鐘，特里又喊了第三次暫停，排練再度停頓，他仍然對著那個年輕演員說同一句話：「還要再向後退一點！」

「先生，我再往後退，就要退到後台去了！」年輕演員忍不住抗議。

沒想到特里卻說：「對，這就對了！」

累積幾分實力才能揮發幾分功力，雖然這個道理我們都知

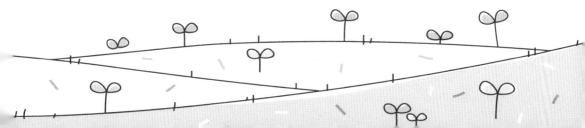

道，但就是有許多老人搞不清楚自己有幾兩重，就好像故事中的年輕人一般，始終不知道自己的問題在哪，即使特里已經發出了警告，依舊毫無警覺。

據說，羅西尼也曾遇到像這樣搞不清楚自己才能的作曲家。

一位義大利的年輕作曲家，前來請羅西尼幫他聽一聽他的新作品。只是，當羅西尼安靜聆聽他的演奏時，不知道何故，竟不斷地將自己的帽子脫了又戴、戴了又脫。

演奏完畢時，這位年輕作曲家忍不住問道：「先生，您為何要不斷地脫帽又戴帽呢？」

羅西尼微笑著說：「這是我的習慣，每當我遇到『老相識』的時候，都會脫帽打招呼一下。」

從一「退」再「退」的指示中，我們要學會看見問題或危機；在觀察到一「脫」再「脫」的小動作時，我們要能看懂立即停止曝短的暗示。

別人發出這些信號，不正代表你的能力有限、實力有問題嗎？

所以，當你被調降職位時，就別再暴跳如雷地大聲抱怨，而是該反省自己，仔細想想自己到底出了什麼問題，又有多少不如人的地方，如此才能有所進步，也才有機會當上第一主角！

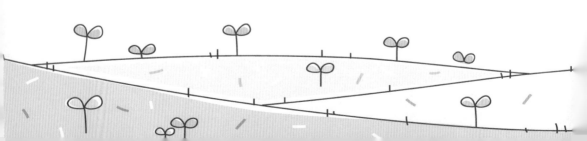

用機智回應別人的諷刺

 日常生活中，我們難免會遇到一些人總愛給人冷言冷語，更愛將人貶低，但無論如何，請別為了這樣缺乏風度的話語動怒。

英國女星布蕾斯韋特不僅長得漂亮，演技更是精湛，還有一樣令人拍案叫絕的本事，就是她靈敏的反應和伶俐的口齒。

有一回，影評人詹姆斯・埃加特巧遇布蕾斯韋特之時，故意對她開玩笑地說：「親愛的布蕾斯韋特小姐，我有一句話已經擱在心裡好多年了，請您允許我今天把它說出來吧！」

布蕾斯韋特點了點頭，埃加持接著說：「嗯，請原諒我的坦白，其實就我看來，您的美貌在本國真的只能排在第二位而已。」

埃加特的神情看起來十分得意，以為自己已經佔到便宜了，也以為布蕾斯韋特聽到這話後，一定會問他第一名是誰。不過，埃加特心中的「以為」全都未實現，而且布蕾斯韋特的回應完全出乎他的預料。

只見布蕾斯韋特輕聲地說：「埃加特先生，謝謝您的評論，能在二流的評論家嘴裡聽到這樣的評價，算是不錯的了。」

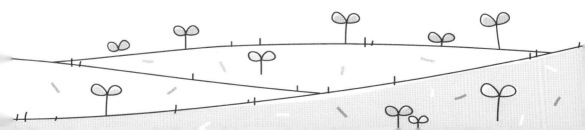

想佔人便宜，就得先估估自己的實力有幾兩重，好像埃加特一樣，想開玩笑卻找錯了對象，以為機智暗貶，結果卻成了他有失紳士風度的表現。

　　那句看似玩笑卻暗藏詆毀傷人的隱喻，聰明如布蕾斯韋特當然一下子便聽出來了，於是布蕾斯韋特一樣以「第二」回應他，埃加特的專業登時被她狠狠地降了一級。

　　想為自己爭取地位和尊重，不能光靠口舌之爭，還要懂得運用你的腦袋，就好像擁有作家身份的美國影星克妮莉亞‧奧蒂斯‧斯金納，也曾用她聰明的腦袋為自己扳回一城。

　　曾演出多部名著的斯金納，因為精湛的演技讓原作中的角色活靈活現，讓她在影壇上很快便佔有一席之地。不過，她與蕭伯納鬥智的戲碼，卻是影迷們茶餘飯後最常提出來談論的話題。

　　據說，斯金納還很年輕的時候，很努力地為自己爭取到演出蕭伯納撰寫的《康蒂姐》劇中主角的機會。當時她雖然還很年輕，不過這一次表演證明了她專業且精湛的表演天分。

　　演出結束後，蕭伯納發了封電報給她：「真是最好的，最偉大的。」

　　雖然這兩句讚美詞並未指名，但斯金納認為這是劇作家對她的嘉勉，因而匆匆地寫下一行字回電給他：「這麼樣的讚美實在是過獎了。」

　　沒想到，第二天，蕭伯納又發了封電報：「我指的是劇本。」

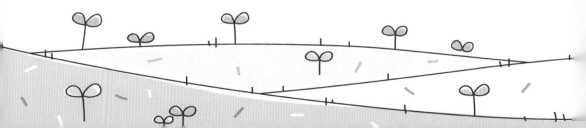

斯金納小姐也再回一封電報：「我指的也是那本東西。」

　　不知道蕭伯納是有意考驗斯金納即興反應的才智，還是大劇作家對自己的作品太過自滿，不過從這幾封電報中，我們便能看見斯金納的聰明回應。她並未讓蕭伯納有嘲諷她的機會，一句也是指那個「偉大劇本」的回應，充分展現出她的機智與風趣。

　　日常生活中，我們難免會遇到一些像這樣的人，總愛給人冷言冷語，更愛將人貶低，但無論如何，請別為了這樣缺乏風度的話語動怒；你聽，布蕾斯韋特和斯金納正異口同聲地說：「何必為了一句會隨風飄逝的話傷心呢？反正別人的否定永遠贏不了你給自己的肯定，所以不如就微笑回應吧！其他的只要聽聽就好，因為風隨時都會把它帶走的。」

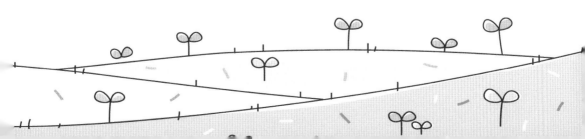

有自知之明,才能脫離困境

 有自知之明才能脫離困境,即便今天不能有完美的表現,但接下來只要好好補強自己的不足之處,將來自有成功的一天。

有一天,有個身材不高且看起來神色有些異常的人,畏畏縮縮地走進一間小商店,小聲地對老闆說:「老闆,我要買下您店裡所有的爛水果和臭雞蛋。」

「這樣嗎?您是不是準備要去看馬戲團裡那個新來的小丑表演呢?」老闆眨著眼睛問。

聽見老闆這麼說,買主忽然東張西望了一下,接著才小聲地對老闆說:「噓,小聲一點啦!我正是那個新來的小丑。」

看完了這個小丑的「自知之明」,我們再來看看另一個蠻懂得「自嘲」的歌手的遭遇。

某天在公園裡,有兩位美國歌手正在談心,其中一位得意地回憶著:「回想起我第一次登台的盛況,連我自己都沒想到可以這麼成功。當時觀眾們獻給我的花束,可是多到足以讓我的妻子開間花舖呢!」

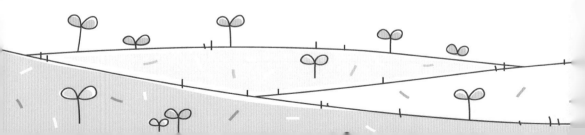

　　另一位歌手也很神氣地說：「那有什麼，只不過能開間花舖你就那麼滿足啦！我可神氣多了，想我第一次登台演出時，我的歌喉可是讓聽眾們聽得如癡如醉，結束後他們還送給了我一幢房子呢！」

　　同行的朋友懷疑地說：「房子？太誇張了吧！怎麼可能？我不相信。」

　　「是真的，他們確實送了我一幢房子，我還不能拒絕呢！因為當時他們全都人手一塊磚頭地往台上扔呀！」

　　能笑看過去，想來那些糗態往事早已遺忘了，而且正因為能走過那個最困窘的時候，歌手才能成為大師級人物，才能與身邊的歌者笑談過去一切。

　　就好像第一則故事裡的小丑一樣，他坦承自己便是人們嘲笑的丑角，但這其實也代表著他仍執著於工作崗位上；他知道自己會成為人們宣洩的目標物，也清楚人們的心理喜好，更知道自己將以最精采的表演讓人們捧腹大笑，或以最妙的醜態來娛樂大家，讓觀眾們能達成「宣洩情緒」的目的。

　　無論那些自嘲的意義是什麼，都有正面的意義，因為最重要的，不是逃避、遮掩自己的不足，而是坦承自己確實還有成長的空間。

　　有自知之明才能脫離困境，即便今天不能有完美的表現，但接下來只要好好補強自己的不足之處，將來自有成功的一天。

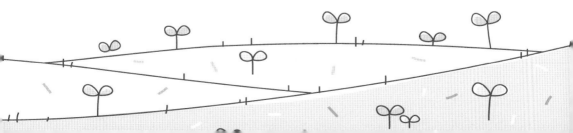

少點算計,才能得到真正的友誼

 嗜好相近的人才會群聚在一起,當我們對人總「別有所圖」時,自然也會引來對自己有其他企圖的人。

某天,有位貴婦親自來到音樂家帕格尼尼家,邀請他第二天到她家中喝下午茶,帕格尼尼很開心地點頭說:「謝謝您的邀請,我一定會準時到場。」

婦人一聽,臉上露出十分愉悅的神情,旋即便起身準備告別,突然又轉身,然後滿臉笑容地對帕格尼尼補充說道:「親愛的音樂大師,請您千萬不要忘了一件事,明天來的時候別忘了帶著您的提琴一起來呦!」

「什麼?夫人,您難道不知道,我的提琴從不喝下午茶的嗎?」帕格尼尼故作驚訝地說。

以帕格尼尼的處世風格,或許仍會將提琴帶過去,但是從這個幽默的玩笑中,我們不免要反省著,人們與藝文名人相交時,到底是「真心喜歡」,還是純粹想「附庸風雅」呢?

交朋友本來是一件很純粹的事,然而,因為現實的考量或私心作祟,常常讓我們忘了交朋友的簡單真心。

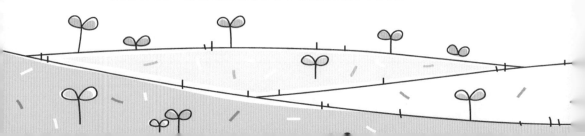

　　就像故事中的貴婦明明是爲了提琴而邀請人，卻非得要先忸怩作態地套交情，然後才肯說明來意，這不免讓人質疑對方的交友誠意。

　　想聽音樂就直說，想相聚聊天就單純地請人喝喝茶、吃吃點心，這樣人與人之間才能結出好緣份，也才能聽見不含任何情緒、雜質的樂音。

　　再舉一個例子，這是德國鋼琴家庫勒克的遭遇。

　　有一天，富翁白林克邀請庫勒克到家中吃飯。

　　對於白林克這個人，庫勒克只知道他曾經是個鞋匠，後來因為偶然的機會擠進了富翁之林，據了解人們對他的評價褒貶不一，但不管是什麼情況，對方好意邀約，總要禮貌參加。

　　但是，晚餐結束時，白林克卻突然對庫勒克說：「晚飯後應該來點餘興節目，庫勒克，您快點為我們彈奏一曲吧！」

　　聽到這個要求，庫勒克臉上滿是為難，但是主人都已經提出要求了，總不好就直接拒絕離開，再怎麼說人家也請他吃了一頓大餐，於是庫勒克只好勉強微笑，點頭答應。

　　不久，音樂家也邀請白林克到家中作客。

　　午飯後，庫勒克忽然捧出一雙舊靴子，富翁見狀感到很奇怪，問說：「你要上哪去嗎？怎麼穿這麼破舊的靴子呢？」

　　庫勒克說：「喔，我沒有要去哪。是這樣的，上次您邀請我到府上是為了聽曲子，至於我今天邀請您來，其實是為了麻煩您幫我補靴子！」

　　看似報復的動作，其實是音樂家好心提醒白林克的方法，

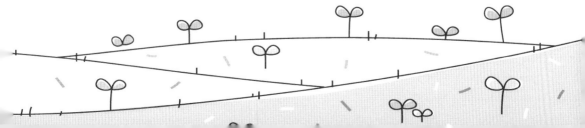

直接讓人體驗感受當然比「用說的」來得深刻。簡單來說，這是讓他體悟「將心比心」的最好安排，也讓他明白，待人處世時要有「同理心」。

沒有人喜歡「被利用」的感覺，若是平時不交流，總到有事相求時才連絡，難怪人們要懷疑你交友的誠意；或是即使有了連絡，卻常常對人提出請託和要求，那也無怪乎你的朋友常常斷了訊。

所謂「物以類聚，人以群分」是指嗜好相近的人才會群聚在一起，換句話說，當我們對人總「別有所圖」時，自然也會引來對自己有其他企圖的人。

反之，如果你真心與人交往，那麼不必你提出任何要求，他們便會主動回報你一曲曲情真動人的美妙音樂了。

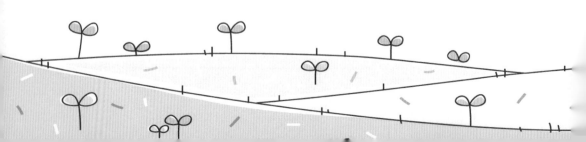

換個角度看待周遭的小事

因為每個人思考切入點不同，而有不同的結論與感想，我們便是透過這樣不斷的翻轉思考，得出豐滿富足的生活智慧。

被人罵「驢子」時，你會笑著說「謝謝指教」，還是怒斥對方「蠢蛋」？

聰明人都知道生氣無用，與其計較別人的嘲笑、諷刺，不如冷靜反思、微笑面對，然後從中探尋問題的核心，並平靜分析自己的優缺點，好得出一個真正屬於自己的智慧人生。

法庭外那兩個剛從法院走出來的人，他們邊走邊對話著：

「你知道嗎？索忍尼辛在他著作的《古拉格群島》一書中，將最高法院的法官稱為『驢子』！」

「是嗎？那他們有沒有覺得被侮辱了？」

「誰？你是指法官還是驢子？」

你認為誰才是真正受辱的一方呢？

同一句話可以有不同的思考方向，更有不同的解答方式，換個角度思考，就能得截然不同的答案。同理，當我們看待周

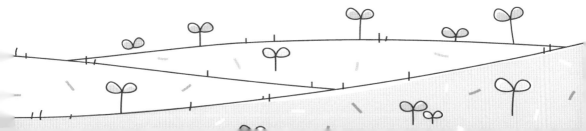

遭的小事，或他人惡意的嘲諷、批評時，試著轉個彎思考，就能從小處得出大道理，將惡意轉為善意。

簡單的對話有人笑過便忘，有人能從中發現其他寓意，人則從中得出另一番自省。

阿布·納瓦斯一位被封為鐵公雞的朋友生病了，極重朋友情義的他，這天找了幾位好朋友前去探望。

一伙人一進屋子，便看見醫生正在診治友人，經過一番仔細檢查之後，醫生對著他們說：「嗯，他的情況已無大礙，只要想辦法讓他出一身汗，體溫自然便能回復正常。」

阿布·納瓦斯一聽，笑著接口：「這還不簡單！朋友們，今天晚上大伙兒全約到他家裡吃頓飯，這樣他自然會著急得冒出一身汗！」

聽見阿布·納瓦斯順勢虧了這個鐵公雞友人一頓，想必也讓你忍不住會心一笑，但是看著他不記友人的吝嗇，依舊十分關懷對方的態度，不知道是否讓你有了另一番思考？

平心而論，因為性格使然，鐵公雞的朋友們雖不好溝通，但是他們多數喜怒「無藏」，個性也直接坦白，雖然不易親近卻也不難相處，相較於偽善者，他們的直率更讓人知道該怎麼與他們交往，並能輕鬆地交流接觸。想來，阿布·納瓦斯定然也知道這一點，因而願意呼朋喚友一同前往探視。

再換個角度想，一心一意計較著他人「鐵公雞」性格時，其實真正有心計較的人，難道不是我們自己嗎？

生活中，有各式各樣的人事物啟發著我們，更因為每個人

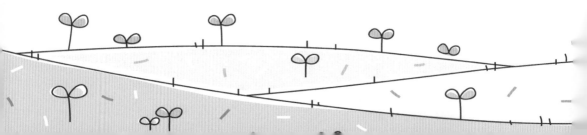

思考切入點不同，而有不同的結論與感想，至於我們，便是透過這樣不斷的翻轉思考，不斷的反省再反省而得出豐滿富足的生活智慧。

所以，下一次當你聽見人們喊你鐵公雞時，別再怒氣沖沖地否定，也許你可以笑著回應：「很抱歉，我真不想這麼小氣的，但從前那段苦日子實在過怕了，逼我非得好好珍惜賺得的每一塊錢！」

試想，聽見這麼坦白的答案時，想必有不少人會體貼地點頭吧！

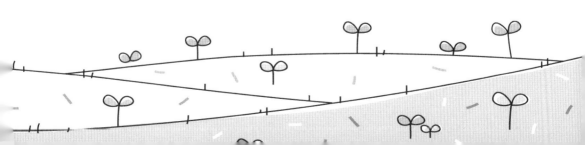

設身處地思考，爭執自然減少

 過分私心運用，很難有圓滿的結果，若能多替對方著想，自然不會聽見人們的埋怨否定，更不會老與人們產生心結或摩擦。

見天色已暗，英國紳士只好在這個旅遊勝地內唯一的一間賓館投宿。

「對不起，請給我一個好的房間。」紳士客氣地請求。

服務員看了看他，卻問：「你有事先訂房嗎？」

「沒有！」紳士說。

「那對不起，目前房間已經客滿了，無法安排。」服務員回答說。

紳士一聽，不悅地說：「真的沒房間了嗎？聽好了，如果我說，今晚總統臨時決定到這裡來住宿，你應該會馬上幫他準備一間客房吧？」

服務員點了點頭說：「那當然啦，他是總……」

服務員話還沒說完，紳士便插話說：「好！現在，我將非常榮幸地通知你一聲，總統今晚不會來了！所以，麻煩你把他的房間給我吧！」

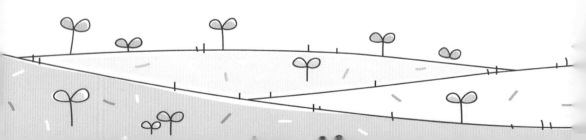

　　這位紳士的思考邏輯真是敏捷又獨特。順著紳士的問題反思，服務生其實已透露出「仍有空房」的情況，不是嗎？

　　站在商人的立場，或許這預留的動作另有用意，但面對眼前較迫切需要的人來說，這樣的預留動作便顯得有些不近人情了。

　　商戰場上的規矩本來就因人而易，我們很難得出公正的法則，不過，下面這個例子頗值得我們認真思考。

　　村裡的婦人們正在活動中心開會，這會議已經進行了三個小時，看起來一時之間還沒法子結束。

　　這時，有位中年婦女忽然站了起來，然後轉身朝向門口走去，主席見狀，不悅地問：「安娜，妳要去哪裡？這會議還沒結束啊！」

　　安娜回頭望了望主席，也老大不高興地回答說：「我家裡有孩子呀！我得回家看一看他們。」

　　這理由是可以體諒，所以安娜便離開了。

　　之後，會議又進行了二十分鐘，這時又有位年輕的婦人站了起來。

　　「莎拉，妳要去哪裡啊？如果我沒記錯的話，妳家中可沒有孩子呀！」主席不滿地阻止。

　　莎拉先是點了點頭，然後淡淡地說：「主席，如果我一直坐在這兒，那我家又怎麼會有小孩呢？」

　　相似的「不近人情」，相似的爭取權利動作，男女主角都不直指對方的問題，而是轉個彎反駁，讓對方知道生活之中更

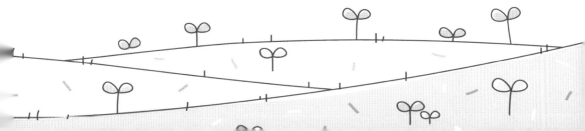

迫切的問題核心,讓他們知道,不要只懂得照顧自己的權利,而忽略了別人的感受與需要。

走出故事,回想現實生活中的大小問題,類似的情況其實屢見不鮮,不少人和會議主席或賓館人員一樣,只知道照顧自己的需要和情緒,卻忽略甚至是剝奪了別人的利益。

遇見這種狀況,就要靈活運用幽默的方法,表達自己的想法。

其實,無論是經商交易或是一般人際互動,過分私心運用,很難有一個圓滿的結果,若能多替對方著想,多站在客人們的角度多作一點考量,自然不會聽見人們的埋怨否定,更不會老與人們產生心結或摩擦。

想化解尷尬，不妨轉個彎說話

與人溝通不難，關鍵就在有沒有心與人互動，只要說得巧妙、聽得聰明，人與人之間的溝通交流自然不會出現問題。

說話除了要說得巧妙外，人際溝通還要能夠聽得聰明。

當大家都學會修飾話語時，我們也要懂得聆聽，聽出對方話裡的弦外之音或暗示，方能聰明地配合對方真正的需要；當彼此的心意能微妙互通時，人與人之間自然不會一再出現阻礙和誤解了。

有一次，德國明星克洛普弗演出時，忽然忘記台詞了，於是望著台下的提詞員弗勞，等著他給點提示。

但是，弗勞卻一直都沒有動作，似乎沒有注意到克洛普弗已進行到哪裡了，於是現場出現一片帶著尷尬的寂靜氣氛。

為了掩飾這個情況，克洛普弗對同台演出的人說：「你能不能告訴我，弗勞近來身體好嗎？是不是生病了？」

聽見克洛普弗莫名其妙地這麼問，與他對戲的演員完全摸不著頭緒，只得默默地聳聳肩膀，表示不明白。

因此，克洛普弗看著對方，嘆了口氣說：「我很久沒有他

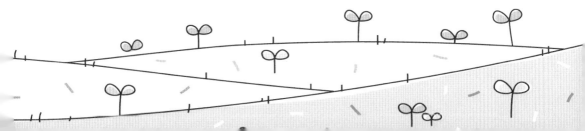

的消息了！」

　　為了掩飾自己忘詞的尷尬，也是為了幫弗勞遮掩過失，克洛普弗機智地想出這麼一個辦法，但是不僅弗勞未能注意，就連與他對戲的演員也不懂得即興配合演出，難怪克洛普弗最終會那樣無奈地嘆息。

　　要學習聽出人們的暗喻，更要聽得懂人們的幽默比喻。前者需要的只是動一動腦，就能思考出其中答案；可是，後者除了動腦之外，我們自己本身還要有相同的幽默感，才能明白其中的趣味與本意。

　　美國喜劇演員格勞喬・馬克斯便曾遇見這麼一個機會。某天，他換上一件破爛的衣服，來到自家的花園中整理花草。

　　這時，有位鄰居婦人看見渾身髒兮兮的他，忽然停下了腳步，對著他說：「喂，園丁，這一家的主婦付給你多少錢啊？」

　　格勞喬・馬克斯抬起頭說：「噢，我沒收任何錢，這家的女主人只有要求我得跟她睡覺而已。」

　　這句話如果是被正經八百且腦袋轉不過來的人聽見，肯定要大喊：「變態！」

　　想一想上述情況，換作是你，你應該會怎麼解決呢？

　　幽默感不是與生俱來的，而是從生活中慢慢累積而來，更要靠我們自己多加應用，好像體貼的克洛普弗，因為顧及弗勞的感受而以旁敲側擊的方式，反過來提醒弗勞的責任。

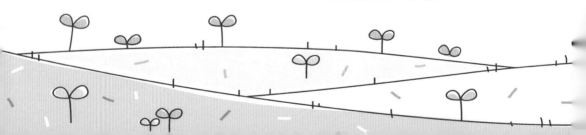

　　至於格勞喬‧馬克斯也一樣，為顧及鄰居婦人不識鄰人的尷尬，而以幽默回應，這之中都充分展現了他們的溝通智慧。

　　其實，想要與別人輕鬆溝通並不難，關鍵就在我們有沒有心與人互動、溝通，只要有心，就能學習說得巧妙、聽得聰明，人與人之間的溝通交流自然就不會出現問題了。

　　動不動就跟別人爆發衝突，只會突顯一個人的幼稚和弱智，懂得運用幽默的方式化解僵局，才是真正有涵養的聰明人。

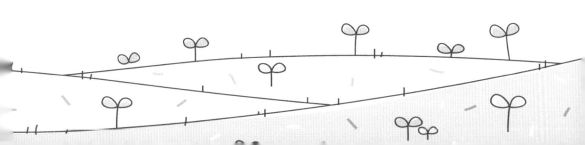

PART 4

用幽默的方式展現自己的價值

幫自己爭取權利時，
得聰明地援引、機智地比喻，
要讓對方明白我們的實力與付出，
更要讓他們心甘情願提高價格爭取我們的加入。

小心說話,不如用心說話

用心話說比小心說話更為重要,用心,人們自然會聽出你的溝通誠意,還會看見你樂觀積極的人生態度,和那份堅定無比的自信。

公眾人物聽見批評的機會比一般人多上千倍萬倍,因而他們也比一般人更懂得如何看淡,更知道怎麼將問題四兩撥千斤地化解,或者用幽默的方法,反擊那些無情的批評。

十八世紀後期,英國最有成就的喜劇大師謝立丹,在演出第一部喜劇《情敵》時,應觀眾的要求再次上台謝幕。

然而,就在他走到舞台中央時,有位坐在劇場包廂裡的客人對著他喊道:「這個戲劇實在糟透了!」

謝立丹先是給了對方一個九十度的鞠躬,然後微笑地說:「親愛的朋友,我完全同意您的看法。」

然後,他邊聳聳肩,邊指著台下還在熱情地鼓掌叫好的觀眾們說:「不過,我們只有兩個人,恐怕影響不了這麼多的觀眾,更撼動不了本劇在他們心中的好壞,是不是呢?」

他話一說完,劇場內立即再次響起如雷的掌聲。

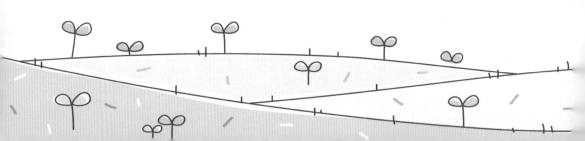

　　看見謝立丹所展現的機智轉移，你是否也忍不住鼓掌叫好了起來呢？

　　回到我們生活中，無論是在日常生活中，還是在競爭激烈的職場上，我們必定會遇到與自己相反意見的人，或是一些老愛批評的上司，遇到這樣情況的時候，你都是怎麼解決、面對呢？

　　除了微笑裝傻之外，我們還可以學學謝立丹，謙虛接受人們的批評指教，也虛心聆聽不同的聲音，然後再冷靜思考對策，我們一定能想出一個可以保全對方面子，又能為自己爭回肯定掌聲的好方法，就像美國鋼琴家波奇在某次演出時的表現一樣。

　　有一年，波奇來到密西根州的某個城市登台表演，然而當鋼琴家一踏上舞台，眼前的景象卻讓他十分失望，因為現場座位居然坐不到一半。

　　當然，對音樂家來說，就算只有一個人來聆聽他的演出，他一樣會盡力表現，絕不讓人失望。

　　於是，波奇緩緩地走到舞台中央，然後對台下的觀眾們說：「你們福林特城的人一定非常有錢，因為我發現，你們每個人居然都買了兩個座位！」

　　話才剛落，全場登時歡聲雷動了起來。

　　原來可能變成嘲諷的話，在波奇巧妙地用字後，變成了一句給願意來聆聽他演奏的樂迷的肯定，這就像是以經濟艙價錢換得了坐頭等艙機會般的比喻，樂迷們聽了當然十分開心，更重要的是因為有這樣的機會，他們才能欣賞到鋼琴家的幽默機

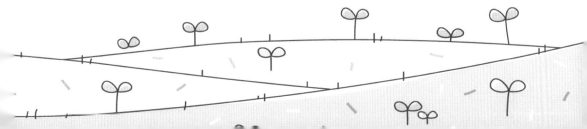

智。

　　能否用心話說比是否小心說話更為重要，因為很多人只知道小心提防，卻不知道怎麼用心說話。

　　其實，若能用心，我們自然不會老說錯話；懂得用心，我們便會期許自己能把每一句都說進人們的心坎裡。

　　更重要的是，用心，人們自然會聽出你的溝通誠意，還會看見你樂觀積極的人生態度，和那份堅定無比的自信。

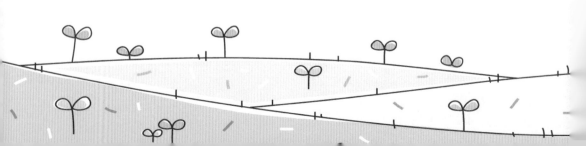

用幽默的方式展現自己的價值

史特拉芬斯基是出生於俄國的美國作曲家，終其一生創作了不少美國人熟知的樂曲。某一次，有位電影製作人出價四千美元，邀請他為好萊塢的一部電影製作配樂，沒想到卻被他當面拒絕：「不行，這價錢太低了。」

製作人頗不以為然地反駁說，有位作曲家也是以這個價碼為一部新片譜曲的。但是，史特拉芬斯基的態度十分堅定，對製作人說：「我知道他很有才華，至於我因為才華不足，所以花費的心力和時間一定比他多上許多，光是這一點就超出這個價碼了。」

聽見史特拉芬斯基的解釋，不知道你作何感想？

我們常討論一個人的價值要怎麼論斷，也常說人的價值不能光憑表面來下定義。從史特拉芬斯基為自己爭取權利的故事中，我們可以這麼解釋：外顯的個人才華是可以看得見的，但蘊藏在發揮過程中所支出的潛力與努力，卻不是旁人可以明確

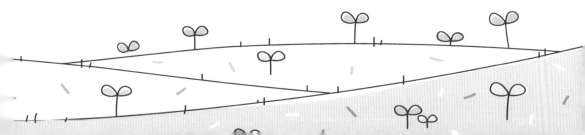

知道的。

表現幾分與你付出的多少成正比，付出越多心力，表現自然更加出色，只是這個「付出」不見得每個人都會看見，都能理解。

因此，在衡量一件原創作品的價值時，我們應該問一問自己：「作者在創作這件作品時，究竟付出了多少心力呢？」

曾有個富翁請一位畫家幫他畫一幅法老和法老的軍隊淹死在紅海之中的畫，可是又說：「我的預算很有限，不可能出多高的價錢。」

換句話說，富翁並不願意花太多錢。畫家一聽忍不住和他爭論起來：「可是，光顏料工具的成本就很高了，再加上我繪圖時所付出的心血，怎麼會才值那麼一點錢呢！」

但無論畫家怎麼爭取、請求，富翁始終只答應支付畫家所期望的一半價錢，因而畫家只得無奈地接下這份工作。

兩天後，畫家帶著作品前來拜訪富翁。

富翁打開畫卷，卻見畫布上全是滿滿的紅色顏料，除此之外，連個小黑點也沒有。

富翁大聲地質問：「這就是我要你畫的東西嗎？」

畫家平靜地回答：「是的，先生。你看這一片紅正是紅海。」

富翁的臉也紅了，接著又問：「那以色列人在哪裡呢？」

「渡過紅海了。」畫家仍然很平靜地說。

富翁又問：「法老呢？法老和他的軍隊呢？」

畫家突然抬頭並舉起雙手，大喊：「他們全葬身海底

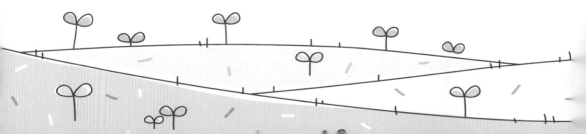

了。」

　　十分有趣的應對方式，一句「全葬身海底」讓畫家原本的無奈瞬間化解，更讓他原本不滿的情緒轉眼宣洩出來。

　　也許有人要說這畫家太沒有職業道德了，只是當遇到有心苛刻的人，心血被評得一文不值，你還能維持多少熱情呢？

　　兩篇短文都展現了藝術家們的堅持，我們其實也可以這麼說，正因為他們自知實力堅強，更清楚自己的價值所在，因此在面對人們有心貶低的企圖時，他們始終能堅強地抬起頭，並且用幽默的方式力爭自己應得的報酬。

　　要讓人識貨，我們除了要知道自己的實力所在，更要知道自己到底價值多少，如此一來，我們才能自信滿滿地與人談判、議價。

　　若從人際溝通的角度來思考，當我們在幫自己爭取權利時，便得像畫家和音樂家一樣，聰明地援引、機智地比喻，不僅要讓對方明白我們的實力與付出，更要讓他們心甘情願提高價格爭取我們的加入。

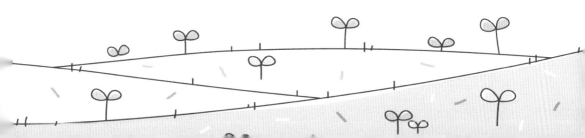

用幽默的態度面對諷刺

若能聰明建構出寬闊知足的人生態度,我們
自然能瀟灑自在地與人交際,也能微笑反擊
人們的無情諷刺。

　　生活中,我們經常會碰到一些說話不得體的人,也常遇上
一些自大又喜歡嘲諷別人的人,這時你會怎麼回應呢?

　　是一愁莫展地生悶氣?還是聰明機智地順著他們的話反擊
回去?

　　有一天,艾什阿卜正和幾位大財主同桌吃飯,餐桌上放著
一隻烤全羊,只見艾什阿卜狼吞虎嚥,吃得津津有味。

　　這時,其中一位財主便開玩笑地對他說:「我猜想,你大
概曾被這隻羊的媽媽用角傷到吧?要不然你怎麼吃得這樣
『狠』?」

　　艾什阿卜聽後,頭也不抬地回應道:「哦,看你捨不得吃
的樣子,我還以為你曾喝過牠媽媽的奶水呢!」

　　艾什阿卜快樂品嚐羊肉時,卻忽然被財大氣粗的富翁冷嘲
熱諷了一番,想來再美味的羊肉當下也變得無味了吧!艾什阿

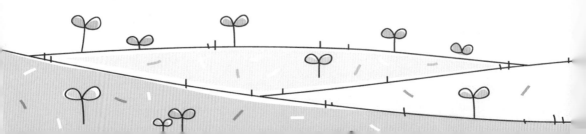

卜看來也很不高興，立即用機智將「諷刺」反擊回去，這也讓人看得心情暢快。

日常生活中，不也常見一些誇耀著一身名牌，嘲笑他人不懂物品珍貴的人嗎？仔細想想，這些只顧著品美食、穿華服的人們，又怎能閒適自在地生活？又怎麼明白吃到難得的美味食材，便能得到滿足與充實的感受？

仔細想一想，然後再看看下面故事中的毛拉怎麼面對自大的地主。

有個闊地主邀請毛拉到他家吃飯。

席間，僕人端來一隻烤得香噴噴的全羊，只見主人得意地說道：「大家別客氣啊！盡量吃，各位一定要吃這羊頭，你們知道嗎？它可是能滋補大家的腦袋，使我們的腦子健康又發達！」

「這麼說來，閣下的腦袋肯定與羊頭一般大囉！」

毛拉冷不妨這麼一個回應，讓客人們聽了全大笑出聲，至於主人，只見他頂著一張似笑非笑的臉，尷尬地站在羊頭前。

其實，毛拉不過是順著主人的驕傲回應，但效果卻頗為驚人。這幾句話語感覺平淡無奇，實則發人深省，試想當我們得意洋洋地向人們宣示著自己的財富時，有多少人明白平實的富足？

讓腦袋轉一轉，然後再聽一則毛拉的案例。

這天，有個腦滿腸肥的傢伙帶著哭喪的臉來找毛拉，當他

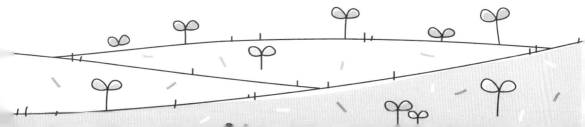

一見到毛拉時，便大聲哀嚎著：「大師，怎麼辦？我不管吃什麼都無法消化，好痛苦啊！」

毛拉笑了一聲，然後爽快地回答：「那簡單，以後，你就吃別人消化過的東西不就得了。」

貪婪的胖子不知道半滿的好處，有錢人不知道粗茶淡飯的美味，有人總在比較間看輕他人，也有人因而發現「知足」的好處。從這些言行之間，我們也得出了不同的生活態度，獲得了不同的人生智慧，當然也更加明白什麼才是真正讓人感到富足的東西。

以上這三則小短文，不談人際間你來我往的溝通技巧，只從個人生活中深省。事實上，若能聰明建構出寬闊知足的人生態度，我們自然能瀟灑自在地與人交際，也能微笑反擊人們的無情諷刺。

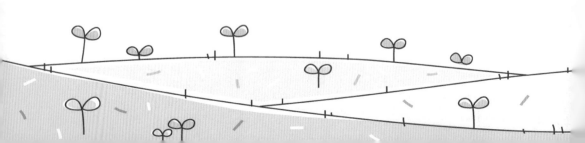

靈活運用說話技巧，成效會更好

轉個彎說話，不必明說也能讓人得到啟發，
不必點破也能讓人聯想到問題的核心，這些
正是聰明人解決問題最常用的技巧。

　　導遊正帶著一批旅客參觀一間古堡，走到很長很深的地道
裡時，一群人在地道內發現了好幾具骷髏。

　　「天哪！怎麼有這麼多骷髏呢？這裡到底怎麼一回事？他
們生前是做什麼的？」一位旅客好奇地問導遊。

　　只見導遊聽了，似笑非笑地回答說：「我想，他們一定是
那些捨不得花錢請導遊的旅客吧！」

　　到底骷髏是否真因為迷路所以喪命，大概只有骷髏們自己
知道，不過導遊藉機把握行銷生意，聰明的人一聽就知。

　　其實，人們對於太直接的要求或明示，往往感受較強烈，
如果不顧及當事人的感覺，很容易讓人產生誤解或不良的印象
而遭人拒絕，所以說話的時候要見風駛舵，轉個念頭，便能乘
風而行！

　　就像故事中聰明的導遊不多說其他恐怖傳聞，而是輕輕開
了亡者一個小玩笑，也輕鬆地給了旅客們一個記憶觀念：「如

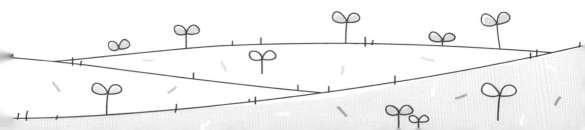

果想進古堡探險，還是找個專業的導遊陪伴吧！」

轉個彎說話，即使不必明說也能讓人得到啓發，讓問題不必點破也能讓人聯想到問題的核心，這些正是聰明人解決問題的最常用的技巧，好像下面這位教授的趣味引導。

有一間基督教大學每年都會將應屆畢業生的合影掛在學生活動大樓內，並且還會細心地在每個班級的鏡框旁，貼上最符合該班精神的《聖經》章節來作輔助說明，並給予同學們訓勉。

這一年也是如此，某個畢業班的同學便問教導他們的教授：「教授，您覺得我們要引《聖經》中哪一章節來代表我們班的特質呢？」

「第十一章三十五節。」教授毫不猶豫地回答。

同學們一聽，一個個急忙翻開《聖經》，找到了教授指出的那一節，上面寫著：「耶穌在哭泣！」

教授不說重話，不多給訓辭，而借耶穌的眼淚讓學生們省思，這些年來教授對他們的失望，從中或者更能引人深深自省吧！

人和人之間溝通原本就很耗費心力，確實需要我們多動腦發揮一些幽默感，畢竟，要能關照對方的自尊心，同時還要讓人肯聽進耳朵裡，那可不是隨口說說就能收到成效的。

好像第一則故事一般，擺進了過分恐怖的傳說，雖然能挑起人們的好奇心，可是若拿捏失了分寸，最後只會出現反效果，從此再無生意上門。

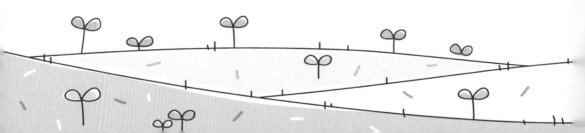

　　至於教授的暗示借用，確實能達到極佳的效果，感性的「眼淚」形象，不只軟化了學生們的心，也潛入了同學們的思考裡，相信受教的人會從中認真體會到：「就要出社會了，再也不能像學生時一樣怠惰、散漫了，要積極面對未來，好讓教授能對著我們笑！」

　　明白其中寓意嗎？

　　那麼下一次，當你們遇到了相似的難為情況或獨特需要時，希望能妥善運用機智巧妙的幽默對答解決一切難題。

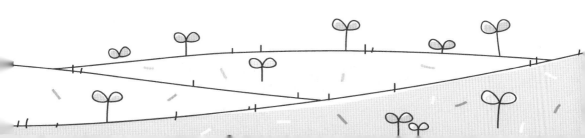

善用智慧爭取機會

 我們站在人生這舞台上, 無非就是想竭盡所能地表現自己, 所以當我們的機會受到阻攔、侷限時, 就應該用智慧爭取。

喜劇大師卓別林曾經編導過這麼一部喜劇片, 內容是西方國家為了打通宇宙間的道路, 決定將一隻狗發射到其他星球上去試驗。

影片中, 由卓別林扮演的主角聽到這個消息後, 連忙跑去向官員們提出要求: 「我願意替狗去做試驗。」

「為什麼呢?」

「因為我比狗更便宜, 而且比狗窮!」他不平地說。

這一句「比狗便宜, 比狗窮」的台詞, 十分深刻地表達了諷刺意味。

這是戲劇最大的功用, 幾乎所有的表演工作者都懂得運用借喻和反諷的方式, 來表現心中或是教化的目的。

其實, 無論是與人溝通或是想表達對人事物的省思, 越是直接的對抗, 往往越容易達到反效果。相反的, 若是加一點幽默或是借題應用, 以間接的方式表達心中的感想, 不僅能深入

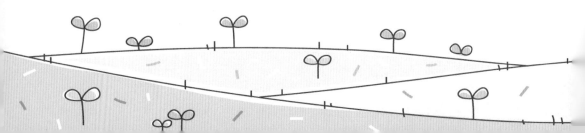

人心，也更能達到讓人聆聽、反省的功效。

　　德國演、唱雙棲明星昂札曼恩在柏林劇院演出時，最喜歡即興發揮，然而，他這即興演出的天分卻害慘了與他搭檔的演員，每每在昂札曼恩即興表演時，他們總是站在台上無所適從，十分尷尬。

　　因此，導演不得不要求他：「請你別再搞什麼即興創作了。」

　　第二天表演時，他乖乖地騎著馬上台，台詞也乖乖地配合著劇本演出，但是就在這個時候，馬兒居然在台上撒尿了！

　　這個突發狀況引得台下觀眾們個個捧腹大笑，就在這個時候，昂札曼恩忽然厲聲斥喝馬兒：「你怎麼可以忘了呢？導演不是不准我們即興演出的嗎？」

　　反應靈活的昂札曼恩不忘借題發揮，藉機表現他心中的不滿，畢竟對一個充滿表演細胞的表演者而言，面對創作空間受到壓抑，肯定痛苦萬分，甚至當他再次站上舞台表演時，恐怕也不再精采了。

　　沒有人喜歡被人侷限，更沒有人喜歡被壓抑否定，因為我們站在人生這舞台上，無非就是想竭盡所能地表現自己，讓自己能活得更加精采，所以當我們的機會受到阻攔、侷限時，應該做的不是隱忍，而是用智慧爭取。

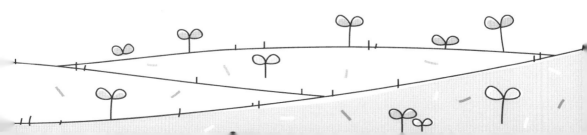

不是針對，只是讓人明白自己不對

 對付自私自利的人，不必怒言相向，最好的教訓方法就是以其人之道還治其人之身，大可不必動氣，能微笑應付才算聰明人。

深夜，搶匪盯上了一個西裝筆挺的男子，就在轉角，搶匪忽然舉槍指著那男子說：「快，把你的錢拿出來給我！」

面對惡徒的威脅，男子一點也不畏懼，反而大聲怒斥道：「你幹什麼！我可是國會議員啊！」

沒想到搶匪聽了，回他一句：「那好，快把我的錢還給我！」

透過對話，我們不難感受到那位國會議員的「自大」，在習慣了人們「哈腰奉承」的環境後，遇上態度強勢的搶匪，並未察覺自己所處的危機，卻還想藉自己的政治地位，以盛氣凌人之勢來壓制對方，真不知道要笑他愚昧，還是嘆他好發官威。

暫擱這事情的對錯，換個角度想，有些人的確要受點教訓才知道要謙卑！就好像生活中常見的自私的人，只知多佔利益，卻不懂與人分享，成為社會的負擔，一如下面這個情況。

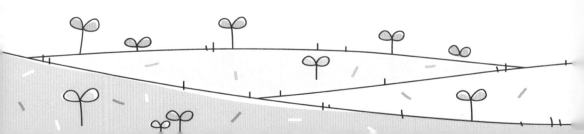

　　有個男子走進火車的第一節車廂，一屁股坐在一個座位上，然後順手讓手中的「箱子」坐在他身邊的另一個位子上。

　　不久之後，有個乘客來到他的身邊，指著放箱子的座位問道：「先生，請問這是您的箱子嗎？」

　　「喔！不，那是我朋友的。」男子還指著窗外補充：「你看，她正站在月台上跟人說話。」

　　這位乘客看了看窗外，果然有個女孩正站在車邊與另一個男子說話，看起來，那女孩似乎很捨不得與男子話別。

　　「嗚……」火車就要啟程了，那女孩看起來似乎無意上車。

　　不一會兒，火車開動前進了，那位站在男子身邊的旅客，忽然一把提起那只箱子，接著竟將箱子往窗外扔去，然後準備坐到原本放箱子的位子。那男子先是被他的舉動嚇得目瞪口呆，旋即才著急地大聲斥喝：「你……你發什麼神經啊？你這是幹什麼？」

　　這位旅客看著男子，微笑地說：「喔，你的朋友不是沒上車嗎？那你不是應該把她的行李還給她嗎？」

　　「啊？」男子一聽，啞口無言。

　　對付那些自私自利的人，我們不必怒言相向，最好的教訓方法就是以其人之道還治其人之身。

　　在現實生活中，看多了自私為己的人，也許不少人氣得心肝肺俱傷。其實，大可不必動氣，能微笑應付才算聰明人，也常能得到絕佳的功效。

　　好像故事中的旅客一般，安安靜靜等在一旁，適度冷靜的

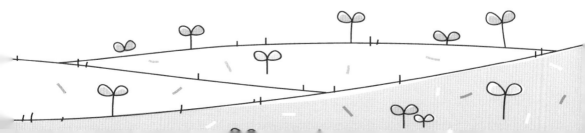

回擊，雖然動作也有些過了頭，但卻不失一個教訓對方的方法。

　　畢竟，當怒言或和顏對待都不見回應時，也只能用更具體的動作，讓對方知道我們的感受和他的「錯」！

　　這裡我們純粹從「自私」的議題思考，不就其中反應動作的對錯去檢討，因為生活中許多時候得視情況而定，也得因人而異。只要人際互動多點深思，少一點自私，我們自然能得和諧的人際關係。

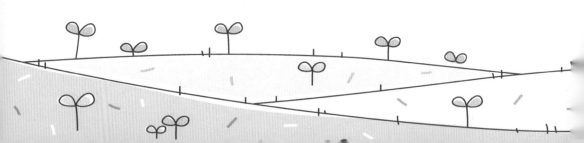

亂開玩笑，後果難以預料

快樂難求，帶動積極的生活態度很不易，只要有一點角度偏差，情緒錯放，人們的心便很容易跟著失去了方向。

　　旅人正在向親友們講述他剛完成的旅程。他說得口沫橫飛，還誇張地說：「當時，有好幾個印第安人把我團團包圍，那情況真是可怕極了！你們知道嗎？我左面站了一個印第安人，右面也站了一個印第安人，前面一樣站了一位印第安人，後面當然也有個印第安人……」

　　「天哪！他們想做什麼？」

　　「當時你心情怎麼樣？」

　　「後來是怎麼解圍的呢？」

　　大家七嘴八舌地追問，沒想到旅人的答案卻是：「後來，我買了一件他們向我推銷的皮革，這才突破他們的包圍。」

　　「呿！」一群人聽到這兒，忍不住給了他一個噓聲。

　　看完了故事，你是否也忍不住跟著人群笑著給主角一個噓聲呢？

　　但仔細想想，生活中像這樣用語誇張的人物好像還蠻常見

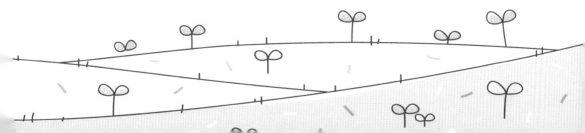

的，他們習慣一開始就故弄玄虛或虛張聲勢，不只努力想釣人胃口，還拼了命想要吸引更多人的目光。

雖然這法子十分管用，但如果使用過量，恐怕人們從此對這一類人說的話都要打折了。

就對人的信任度而言，這其中總是弊多於利，想一想，如果人們再也不相信我們所說的話，我們又如何重新獲得人們的信任呢？

再思考那些被誇張演說所吸引的人們，他們心裡是抱持何種想法？

看看下面這個例子，相同的誇張開始，相似的無厘頭結局，讓人不禁對一開始便抱著信任且高度興趣的聽眾感到憂心。

有個男子神色自若走進一間酒吧，冷靜地對女服務生說：「吵架之前，請給我一杯可可！」

女服務生一聽，趕忙遞給他一杯可可，但過了幾分鐘之後，那個人卻一點動靜也沒有，女服務生心想：「是開玩笑的吧！」

但就在她轉念猜想的時候，那個男子又叫來女服務生說：「吵架之前，麻煩先給我一份牛排和炸薯條。」

女服務生聽了，心想：「想等飽足後再大幹一場嗎？那他的仇家呢？」

這女服務左右張望了一下，然後趕忙去將這「老大」要的餐點送來。

就這樣又過了十分鐘，現場依然什麼事也沒發生，女服務生忍不住好奇上前問道：「先生，你一直說要吵架是怎麼回事

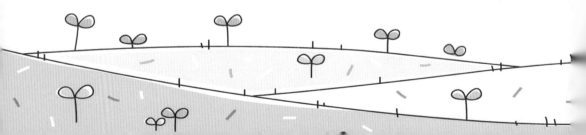

啊？到底什麼時候會發生呢？」

男子吞下最後一塊牛肉，然後笑著說：「馬上就開始了！」

「真的嗎？」女服務生還是有些懷疑並且開始有點緊張了。

就在這個時候這男子這麼補充：「因為……我沒有錢付帳！」

這若用於影視劇情倒還情有可原，畢竟挺有戲劇效果的，但是若發生在現實生活中，恐怕有許多地方有待檢討。

這幾年新聞記者在報導新聞時，單純的事件總被誇張地加油添醋，問題核心常常失了焦。這種行徑就像故事中的女服務生一般，只顧著提供男子所需要的東西，卻不想探討問題的核心，反而以有些八卦又好事的心態等待著爭執的發生。

面對這種狀況，我們又怎能怪環境變壞了呢？

試想，若不是人們多事把問題複雜化，若不是人們老想著多添點話題新聞來娛樂，社會又怎麼會如此糟亂？

想增添生活的趣味，誇張故事情節不失是一個好方法，只要無傷大雅，我們當然可輕鬆笑看。

可是，如果像第二則故事一般，想著的卻是「鬧事」或製造社會的不安，我們便得嚴肅思考。畢竟，很多時候這一類情況到走最後經常是傷人的結果。

想要提昇自己的處世競爭力，做人做事一定要講究策略和技巧，幽默的話語不只可以替自己解圍，同時也可以是輕鬆溝通的工具。

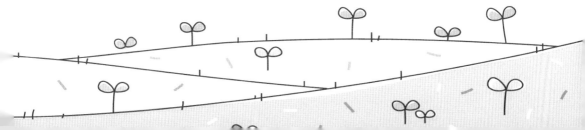

幽默要用在對的地方,我們可以用來增加生活趣味,可以用來軟化人心的冷漠,但切莫用在製造社會緊張與人心鬱結的事件上。因為,快樂難求,帶動積極的生活態度很不易,只要有一點角度偏差,情緒錯放,人們的心便很容易跟著失去了方向。

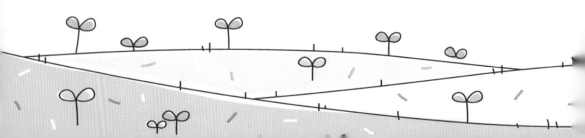

展現風采，才能贏得青睞

只要能好好展現出個人的智慧與魅力，讓人看見你卓越的才能和本事，就算是敵人也願意與你握手談和。

在法庭上，法官正在審問一名罪犯：「你真敢發誓，這幾起盜竊案都是你一人所為？真的沒有其他同夥？」

「是的，法官大人，以您的智慧不可能不知道，想在現今社會中找到一個志同道合的人，那可是一件非常困難的事呀！」小偷滿臉不悅地說。

你對這小偷的答案有什麼想法？是不是覺得頗有道理呢？

雖然這話從他嘴裡說出來，實在讓人覺得又好氣又好笑，可是我們還真無法否定他的觀感。仔細想想，在現今社會中想找到一個志同道合的人確實不易，倒不是說幹小偷這一行很難找到志同道合的人，而是平常生活中，我們想找個志向相同的夥伴一同努力逐夢，也是同樣困難。

這種現象不免又讓人想到了人性的私心與現實，成功了人人搶著佔功勞，失敗了則一個個逃得遠遠的，就像兔死狗烹之事總時有所聞。

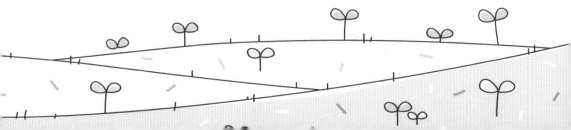

只是，就算找不到志趣相投的人，我們也不能忘了學會自保之道，因為夥伴不好找，但敵手卻總是早早環繞在你我身邊，就像阿布‧納瓦斯一樣。

　　某一天，國王事前交給十位大臣一人一顆雞蛋，然後對他們說：「明天你們記得帶著這顆蛋到水池邊。」

　　隨後，他召來阿布‧納瓦斯和大臣們，並向他們宣佈：「大家聽好了，明天你們都得潛入水底，要是有人無法從水底拿出雞蛋來見我，那個人就要受到重罰。」

　　看來，國王又故意出難題給阿布‧納瓦斯了。沒被分配到雞蛋的他該怎麼辦呢？

　　第二天，阿布‧納瓦斯潛入水池裡四處尋找，但連顆小石子都摸不著，更別提雞蛋了，在此同時，他卻聽見其他大臣紛紛浮出水面，然後大聲地說：「找到雞蛋了！」

　　大臣們一個又一個上岸，阿布‧納瓦斯這才省悟到，是國王設圈套想整他。於是他靈機一動，學著公雞啼叫上岸，接著他對國王說：「大王，會生蛋的從來都是『母雞』，換句話說，我便是『公雞』呀！」

　　國王不解地問道：「這怎麼說？」

　　「他們個個都有蛋出來，可是沒有公雞，母雞又怎能下蛋，您說是不是呢？」阿布‧納瓦斯這機智的答案，讓國王哈哈大笑不已。

　　是的，在這樣的世道下，人就是要像阿布‧納瓦斯一樣，用智慧來保護自己，突破眼前的困難。

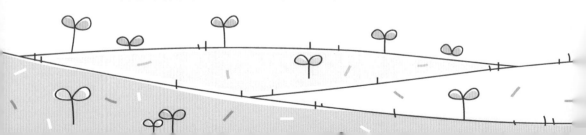

在生活上或職場上，無論面對什麼樣的人物，我們都要要求自己能有如此智慧和勇氣，遇事不慌不亂，碰上麻煩更能轉念想到辦法，這樣一來不僅能給有心為難者一個重重回擊，還能順勢展現出機智風采，輕鬆贏得別人的讚嘆與信服，就像阿布‧納瓦斯讓人激賞的機智一樣。

看到這兒，還在煩惱找不到志同道合的好夥伴嗎？

別苦惱了，只要能好好展現出個人的智慧與魅力，讓人看見你卓越的才能和本事，就算是敵人也願意與你握手談和；即使是一心想與你較量的對手，也不得不佩服你的聰明自信，說不定他們還會願意與你攜手完成兩人曾經競逐的那個夢想或目標呢！

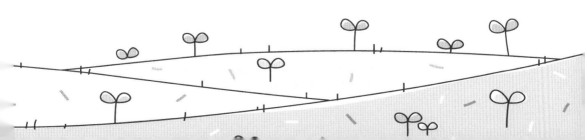

用幽默化解心中的不滿

 能幽默面對,也懂得巧妙轉移,不僅能緩和
了我們正要燃起的怒火,更能免除許多不必
要的對立和爭執。

　　托爾斯泰曾說:「憤怒對別人有害,但憤怒時受傷最深的
乃是本人。」

　　我們都知道,硬碰硬只會落得兩敗俱傷,誰也佔不到便宜。
其實,隱忍退讓不代表懦弱怕事,情緒衝動反而更容易壞事!

　　一個真正有智慧的人,即使是生氣的時候,也不會蠢到暴
跳如雷地去踢眼前的「石頭」,更不會用髒話去問候別人的祖
宗八代,而是會用幽默的方法表達自己的想法,讓對方自知理
虧之餘,有更深一層的體悟。

　　德國著名畫家門采爾長得又矮又小,長相也頗為醜陋,每
當他聽見有人在嘲笑他時,總是會怒不可遏地斥喝對方。

　　有一次,門采爾正在一間餐廳裡吃飯,不久走進來了三個
外國人,一位女士和兩位先生,並在門采爾旁邊的一張桌子坐
下。

　　門采爾隨意地抬起了頭,看了看身邊的外國人,卻發現那

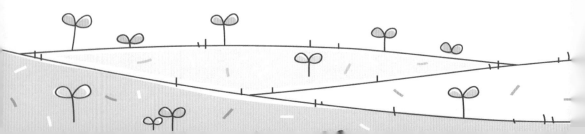

個女士正與另兩個同伴咬耳朵，接著，三個人的目光同時投向門采爾並仔細地打量了一番，隨即竟格格地笑了起來。

門采爾見狀，知道對方正在嘲笑自己，登時滿臉漲紅、火冒三丈，不過，這一次門采爾並沒有立即上前理論，反而拿出了隨身攜帶的素描本，裝模作樣認真地畫起畫來。

只見門采爾一邊畫著，一邊則不時地望著那名女士，這個動作令那位女士感到很不舒服。

女士心裡不禁這麼想：「剛剛才嘲笑過這個怪人，如今他卻注視著我，似乎正在為我作畫，該不會有什麼企圖吧？」

女士的眼神有些慌亂，不過，門采爾卻依然神情自若地繼續塗畫著。

這時，其中一個男子站了起來，並對著他說：「先生，我絕不允許你畫這位女士。」

「女士？這哪裡是一位女士呢？」門采爾邊說還將素描本遞給他看。只見那位先生一看，卻是道歉聲連連，然後便匆匆坐回原來的位子。

你是不是正好奇著，為何會是這樣的結果呢？

原來，門采爾裝模作樣畫的是一隻引頸大叫的肥鵝。畫中的鵝當然別有寓意，只是這群外國遊客並不知情，這「鵝」字在德語中其實是個罵人的話，意思是：「蠢女人！」

不易控制的個人情緒，常成為人與人之間交往的障礙，所幸多數人在處理人際問題時，都沒有忘了「以和為貴」的重要性，就像門采爾一樣，情緒高張的時候仍能自制按捺，沒有大聲斥喝，只有幽默嘲諷。

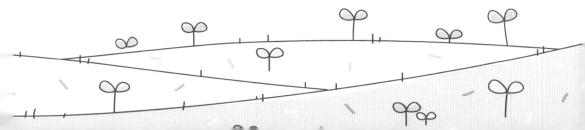

問題是,要怎樣才能做到罵人不帶髒字?

這當然得靠你的智慧巧思了,好像門采爾的回擊方式一般,心裡明明惱恨著對方的異樣眼光,但他沒有以情緒回應,只有幽默借喻、巧妙宣洩,快樂地宣洩了心中的不滿。

人與人之間的交流的確很需要這樣的應對智慧,能用幽默的方法表達自己的想法,也懂得罵人不帶髒字,不僅能緩和了我們正要燃起的怒火,更能免除許多不必要的對立和爭執。

雖然門采爾的寄託借喻仍含著情緒,但這總算是修養性情的開始,因為懂得援引幽默的人,正代表著他已經懂得凡事輕鬆看待與看淡的智慧。

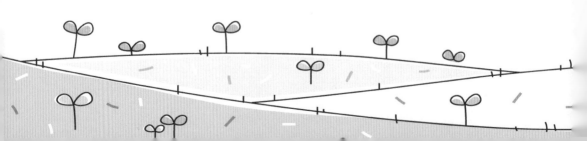

PART 5

幽默應對，就是溝通的智慧

在應對中表現出溝通的智慧，
只要我們肯選取正面的角度，
懂得在生活中多用點幽默和創意，
環境自然會充滿著朝氣和活力。

聽冷嘲熱諷來修補自己的缺縫

 冷嘲熱諷的話語任誰聽了都不舒服，不過我們若能心平氣和地聽，了解話裡的不滿和嘲諷，就能發現我們需要補強的不足之處。

　　曾有一名美國歌手到拉斯維加登台演出，唱完第一遍後，得到了十分熱烈的掌聲，有人甚至還對他喊道：「再唱一遍！」

　　所以，他唱了第二遍，但沒想到就在他唱完第二遍時，這個聽眾又要求他再唱一次，於是他唱了第三遍、第四遍……。

　　最後，他累得精疲力竭，不得不氣喘吁吁地問那個聽眾：「朋友，你真的這麼喜歡這首曲子嗎？你到底要我唱多少遍呢？」

　　那名聽眾回答：「直到你唱對為止。」

　　當人們要求你唱一遍又一遍時，我們便要懂得自省。這名歌手的經歷雖然可笑，卻值得我們警惕。

　　仔細想想，我們是不是也曾被人一再要求修正某件事情或某個動作呢？那時，我們是選擇反省自己，並謙虛地請教對方，請他明確指出自己的錯誤，還是像某些人一般，總是埋怨對方有心為難，甚至否定人們的好心叮嚀？

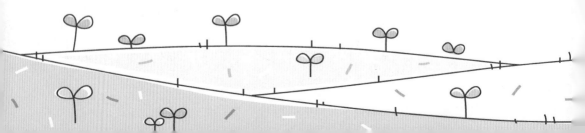

　　將真心建言聽成了有心反對，把誠意批評當成了惡意針對，若是如此，我們還能有多少進步空間？

　　有一位歌手對朋友吹噓著：「你聽了我昨天的演唱嗎？我的聲音是不是很宏亮呢？甚至連那個劇場都容納不了我的聲音呢！」

　　他的朋友這麼回答：「是啊！雖然我沒聽到你的聲音，不過，卻看見觀眾們為了能讓你的聲音有足夠的空間，只好一個個離開。」

　　冷嘲熱諷的話語任誰聽了都不舒服，不過我們若能心平氣和地聽，了解話裡的不滿和嘲諷，就能發現我們需要補強的不足之處。

　　只要懂得自省，壞話也能成就出一段佳話。

　　若是看不見自己的缺點，也要能「聽見」你的缺陷，當人們明白指出「你得唱到對為止」，也清楚告知你的歌聲宏亮是因劇場裡空蕩的現實時，何不靜心反省自己，仔細檢討自己要如何修正腳步，好讓人們的否定能早一點改口為：「請再唱一次，因為實在太好聽了！」

　　我們可以把人們的嘲諷轉化為生活的力量，用來激勵自己；當聽見別人的批評時，更不要只知憤怒而不知反省。

　　不管是面對別人善意的建言或惡意的嘲諷，都要好好省思。若是省思後發現別人的批評並非事實，那就一笑置之；若是發現別人的批評確實屬實，就得趕緊改正，如此一來，旁人的嘲諷自然會變成推動自己前進的力量了。

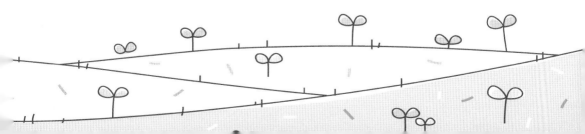

幽默應對，就是溝通的智慧

 在應對中表現出溝通的智慧，只要我們肯選取正面的角度，懂得在生活中多用點幽默和創意，環境自然會充滿著朝氣和活力。

　　戲劇大師卓別林的演技令人欽佩，然而能如此精確地詮釋戲劇裡的幽默趣味，不只是因為他演技上的專業，更因為大師天生的幽默感。

　　例如，曾經有個初出茅廬的作家前來拜會卓別林，想請這位大師評審一下他寫的電影劇本。

　　「您的意見如何？」作家謙卑地問。

　　卓別林仔細翻閱過後說：「嗯，等你和我一樣出名的時候，你才可以寫這樣的東西，至於現在，你得寫得更好才行。」

　　表達意見的有很多種，不過表達方式不同，效果自然也不同。例如，卓別林提醒對方「等你和我一樣出名時」，比起「你別想靠這樣的作品出名」，不是更為積極正面嗎？

　　大多數人都喜歡用直接陳述的方式來表現心中想法，然而說話有說話的趣味，就好像文字一般，除了用來溝通或表達心

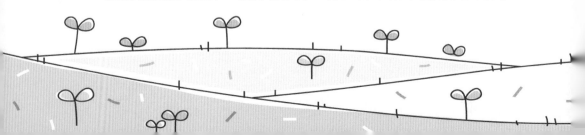

中想法之外，更具有美化生活的作用，只要我們肯用心構思，所有答話與回應都能滿是趣味，就像卓別林當年與愛因斯坦互通書信時所展現的幽默機智。

由於愛因斯坦非常推崇卓別林的電影，有一次在寫給卓別林的一封信中，這麼寫著：「〈摩登時代〉是世界上每一個人都能看懂的好電影，朋友，你一定會成為偉人的。」

卓別林讀完了信，也不忘回信給科學家：「先生，我更是欽佩您，您的《相對論》至今還沒有一個人能搞懂它，但是你已經成為一個偉人了。」

讀完兩人的書信，你是否也不禁莞爾呢？

在卓別林的回信中，我們看見的不只大師的幽默、謙虛，還有他的機智與巧思。看似有著反諷意味，其實幽默大師正是透過這樣的表達方式，來讚揚愛因斯坦在科學領域的卓越成就；至於對於偉人之名的看法，他更是淡泊看待，反正他已經相當滿意目前的生活了。

這句看似簡單的回應，其實富含著幽默大師的生活智慧，字字句句都充滿了創意趣味；在與人的應對中，他充分表現出溝通的智慧，這更讓自己與他人的生活顯得朝氣蓬勃。

換個角度說，只要我們肯選取正面的角度，真心期待生活環境能變得更好，更懂得在生活中多用點幽默和創意，周遭的環境自然會如我們所預期的，充滿著朝氣和活力。

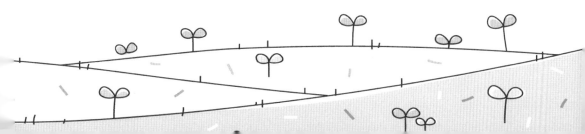

說話大聲，不見得會贏

 不是說話比別人大聲的人就是贏家，只要論點紮實且對方找不出缺漏，那麼即便你帶著微笑輕聲說話，一樣能讓對方俯首稱臣。

出糗與批評，是每個人都沒有辦法逃避的人生考驗，敵人永遠會想辦法挖掘你的弱點，刺激你的缺陷，好讓你暴露出更多弱點，然後輕而易舉把你攻擊得體無完膚。

如果，你懂得用幽默的方式表達自己的想法，不但讓對方無從下手，更表現出自己的坦然與寬宏。

古希臘時代造就了不少智者，像狄摩西斯便是其中一顆非常燦爛的星星，當時能與他匹敵的是雅典出生的福西昂將軍，但不知是文人相輕的慣性，還是這兩個人的性格本來就比較自我，兩人只要一見面，總會發生大聲激辯的畫面。

雖然兩個人的論點十分兩極，但不管誰的論點都令人十分欣賞，因此對旁觀者來說，他們要的並不是誰的答案最為正確，而只是想欣賞他們辯論的才華，所以越激情的演出越讓他們著迷，能聽見兩個人的辯論等於免費獲得一個又一個的生活智慧。

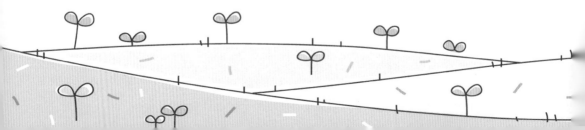

這天，兩個人又在爭論了，而且戰火十分猛烈。只見狄摩西斯大聲批評福西昂：「只要雅典人怒火一燒，隨時都會把你殺了。」

只見福西昂不甘示弱，冷笑地回擊：「只要他們冷靜下來，恐怕也不會對你太客氣的。」

看見兩位古希臘哲人互相攻擊的情況，想必有人會這麼想：「這兩個人根本是在吵架，怎麼說能看見智慧呢？」

就表面狀況來看，這兩個人的確是在吵架，但是就吵架的內容而言，其中卻也包含著兩個人的機智反應，而旁觀者專注的正是這個部份。

暫擱狄摩西斯和福西昂的鬥嘴和爭吵，我們回到現實生活中，看看那些正在爭執論辯的人，不知道你有沒有發現，其中有不少人爭論不到一半就不再開口了，甚至上演全武行。

究其原因，若非他們爭論的立足點不夠穩固，便是他們很快便陷入詞窮的窘況，再加上臨場反應不如人，別人一口氣可以說十句話，他們卻連一句話也說不清楚，以致於原本的口舌之爭最後演變成拳打腳踢。

若將故事中的旨意延伸，或許狄摩西斯和福西昂會這麼告訴你：「沒有聰明機智就別輕易與人爭辯，因為吵架不是為了宣傳你的情緒，而是要為自己爭得一個受人尊敬的位子。」

明白了這個道理嗎？還不明白的話，那麼就讓俄國馬戲團界最受人敬重的小丑杜羅夫來告訴你吧！

在某一次馬戲團表演時，有個觀眾趁著空檔來到演員休息

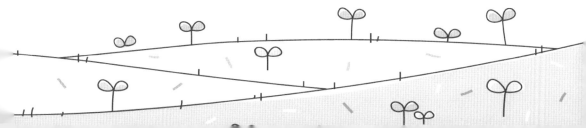

室找杜羅夫,不過,這個人看起來很不友善,只見他以非常輕蔑的口氣說:「杜羅夫先生,觀眾們看來非常喜歡您。」

「是嗎?謝謝!」杜羅夫似乎也感覺到對方來意不善,但是,仍然保持風度,很有禮貌地回應著。

「我想,想成為馬戲團中最重要的丑角,並讓觀眾們非得要你不可,是不是就得具有一張愚蠢而醜陋的臉蛋呢?」這個沒禮貌的傢伙諷刺地說。

杜羅夫一聽,聽出了其中含意,只見他冷笑一聲,然後說:「您說的沒錯,我想如果我能有一張像您那樣的臉蛋,肯定能拿雙薪!」

當杜羅夫以相同的論點回敬對方時,你是不是也覺得十分痛快?

與他人爭論時,不是說話比別人大聲的人就是贏家,只要論點紮實且對方找不出缺漏,那麼即便你帶著微笑輕聲說話,一樣能讓對方俯首稱臣。

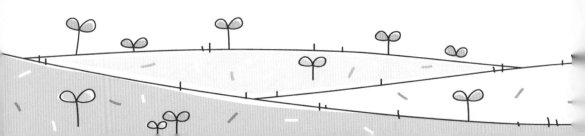

話要說得漂亮，更要說得恰當

人與人之間的溝通確實是一門藝術，在人際
交往中，若是說話的分寸抓不好，就無法創
造出和諧的人際關係了。

在馬克斯‧李勃曼家的隔壁，有一幢建築十分獨特的別墅，不久之前才被政府徵用作為衝鋒隊的訓練學校。

有一天，一名衝鋒隊的隊員隔著花園矮牆，觀看李勃曼在後院作畫。忽然，那名衝鋒隊員說：「教授，就一個猶太人來說，您畫得還挺不錯的。」

李勃曼微笑地回敬：「是嗎？就一個莽夫來說，您竟然如此有藝術品味，也算不簡單了。」

一個以種族歧視的角度看畫，一個則以魯莽無智的寓意來嘲諷對方，兩者相對照之下，更突顯那名衝鋒隊員的愚笨可笑。

對照日常生活中的人際相處，其實有些人不也像故事中的軍人一樣，明明要讚美別人，卻總是要在讚美之前再加上一句否定的話語，這不僅讓聽者不舒服，還很容易增添彼此間的誤解和不滿，不是嗎？

說話的藝術是多一點不行，少一點也不對，遣詞用字的拿

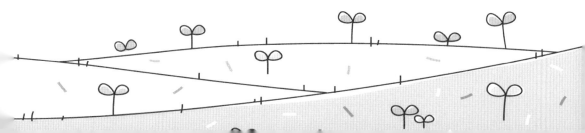

捏都得多花點心思，才會有良好的溝通互動，也才能免去不必要的紛爭與誤會。

某法庭上，有位氣象專家多羅文被傳喚到庭作證。

在他宣誓之後，法官問道：「你的職業是什麼？」

多羅文回答：「法官大人，我是預報天氣的。」

法官一聽，很不滿意地搖了搖頭：「原來如此，那我得警告你一件事：請注意，在法庭上只允許說已經發生過的事情，除此之外，什麼也不許說。」

「什麼該說，什麼不該說」是法庭上該好好注意的事，但在生活中我們也應該秉持相同的態度和觀念。

我們都知道，話要說得漂亮，更要說得恰當，好話要多說，壞話要少提。想讚美人就不要猶豫，既然已經看見他今天的進步，就不必再多加一句「昨天很差」的否定，只要一句「你今天很棒」就夠了。

古希臘藝術家們的交流互動，為我們示範了正確的說話方式。

當卓伏柯瑟夫剛完成了一串極為逼真的葡萄作品之後，立即引來了四面八方的鳥兒前來爭食。同行的巴拉西見狀，很不服氣地說：「我一定要超越你。」

不久，巴拉西作品完成了，便連忙帶著自己的新畫作來給卓伏柯瑟夫看。

能夠有切磋交流的機會，卓伏柯瑟夫當然很開心了，只見

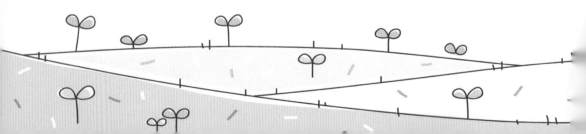

他著急地看著巴拉西手中的畫，喊著：「快點揭開畫上的布簾啊！我要仔細看看你的畫。」

只見巴拉西滿臉得意地說：「看仔細了，我的畫作正是你說的布簾呀！」

卓伏柯瑟夫一聽，忍不住張大了雙眼，更不住地點頭：「你果真超越我了，我只騙得了飛鳥，而你卻騙過了一名藝術家。」

要是心有不服，就用實力來證明；若是看見對手確實更甚於自己，我們只要一句心服口服的肯定就夠了，不必再提昨日的不如意。

人與人之間的溝通確實是一門藝術，不但需要技巧將內容發揮得盡善盡美，還需要多用心揣摩。在調色盤上，若是顏色的多寡拿捏得不準確，就調不出美麗的色彩；同樣的道理，在人際交往中，若是說話的分寸抓不好，就無法創造出和諧的人際關係了。

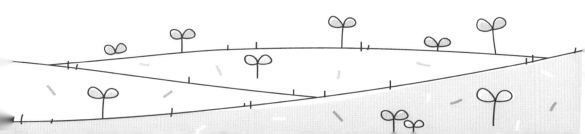

用直接的方法擊退冒失鬼

 當他人的行為態度讓我們感到不適時，不妨適時地提出自己的觀感，這不僅能顧全自己的感受，更能讓對方知道那是你不喜歡的行為。

想要提昇自己的處世競爭力，做人做事不一定要八面玲瓏，但是，一定要講究策略和技巧，幽默的談吐和積極的機智不只可以替自己解圍，同時也可以是和別人輕鬆溝通的工具。

被稱為「瑞典夜鶯」的國際知名女高音珍妮・林德，曾經在美國演出時遇上了一個突發狀況。

某天夜裡，有一群人忽然敲開她的房門，不過林德倒沒被嚇到，反而很鎮定地問：「你們要幹什麼？」

「沒有，我們只是想看妳一眼。」其中一個人說。

「這樣嗎？好，看清楚了，這是我的正面！然後……」林德忽然轉過身，接著說：「這是我的背面！好了，你們可以去告訴其他人，你們已經見過我了！」話一說完，她便將門猛地關上。

「轉個圈，就能把冒失鬼擊退！」這是珍妮・林德的親身

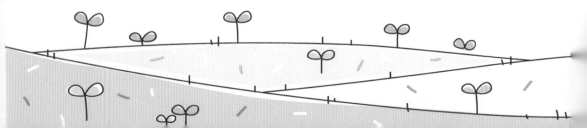

體會，也是她要教導老是被冒失鬼莫名騷擾的人的絕妙辦法。

無論是在職場上還是生活中，即便我們不是名人偶像，還是會遇到一些不懂基本禮貌的人騷擾，他們常常無視於別人的感受，更不管對方是否可以接受，總把冒犯別人的行為視為不拘小節，或是當人們指責他們不懂尊重時，卻把瀟灑大方當作託辭。

遇到這類「煩」人時，我們大可不必為對方留情面，因為若是不能直接指正或是直接拒絕，而是用委婉或柔性的勸說，恐怕很難看見效果，甚至會為自己招來更多麻煩。

美國演員霍莉迪也曾遇過類似的麻煩，當時她正是用直接的方法處理的。

在一次電影招待會後，霍莉迪發現有個好色的製片商人，一直緊盯著她那豐滿的胸部，甚至當她瞪著他時，那個商人仍捨不得移開視線。

這時，霍莉迪突然向他點了點頭，然後忽然轉過身去，似乎在撫弄她的胸膛，接著她又轉身，並從容不迫地走到商人面前。

「喂，給你！我想這是你想要的東西吧！」

你認為那是什麼東西呢？是霍莉迪的「胸罩」啊！

商人一看，臉上登時變得火紅，似乎完全被嚇著了，身子還有些顫抖，人說「有色無膽」的傢伙大概就是像他這樣的吧！

霍莉迪和林德一樣勇氣十足，她們智退冒失鬼的方法雖然

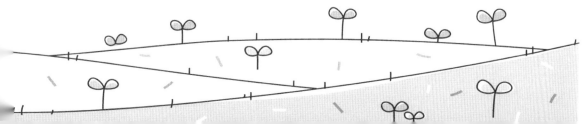

直接，但未嘗不是一種解決辦法。

我們總說寧願少交一個朋友，也不能多樹立一個敵人，然而有些非常情況就不宜這麼思考，何況敵人哪有那麼容易樹立？

事實上，我們越是能表明心中的想法，就越能讓人了解我們的為人，而明白了我們的為人處事態度，反而更容易得到願意和我們真心相交的朋友呢！

所以，當他人的行為態度讓我們感到不適時，不妨適時用幽默的方式提出自己的觀感，這不僅能顧全自己的感受，更重要的是，能讓對方知道那是你不喜歡的行為、動作，讓他們知道你的感受後，從此不再犯錯。

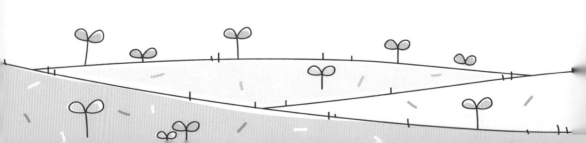

用幽默化解自己的窘迫

擁有灑脫且自信的風采，除了用心感受、體
會生活之外，更要培養寬廣的心胸，如此就
能擁有滿是陽光微笑的生活了。

　　薩拉‧貝因哈特是位十分迷人的法國女演員，據說她的私
生活與舞台上一樣戲劇化，大膽、潑辣且不拘小節的個性，也
經常讓她飽受衛道人士的攻擊。

　　像在美國，就有一位傳教士大罵貝因哈特：「她根本是個
惡魔，而且是一個源自巴比倫傳說中的女魔頭，是來腐蝕、污
染我們純淨的美國大地的。」

　　貝因哈特聽說後只是笑一笑，然後很溫和地寫了一封信給那
位傳教士，上面寫著：「親愛的表演者，我真的不明白您為什麼
要這樣猛烈地攻擊我。您知道嗎？我們同樣從事表演工作，您身
為一個演員真不應該讓另一個演員這樣難堪啊！」

　　這封信一出，貝因哈特受到的批評和攻擊非但沒有減少，
反而樹立了更多敵人，可以說幾乎全美國的傳教士都與她結下
了不解之仇，甚至傳教士們在傳教時，都會提醒美國民眾：
「薩拉‧貝因哈特是來自巴比倫的娼妓，你們要小心，千萬別
被誘惑了。」

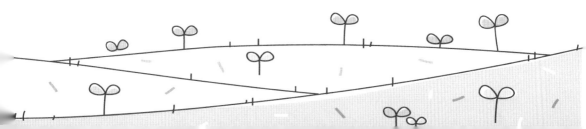

但是，傳教士們的羞辱與謾罵非但沒有讓美國人民厭惡她，反而讓他們對這個女演員產生更大的好奇心，還有人開始迷戀起她呢！芝加哥主教知道後非常生氣，連忙寫了份措辭尖苛的攻擊文宣，並印發給所有民眾。

　　聽說這件事後，貝因哈特委託她的經紀人送一封信給芝加哥主教，裡頭是一封信和一張銀行匯票，信上她是這麼寫的：「主教大人，我即將到芝加哥演出，按慣例，我得再花四百塊美金做宣傳廣告，不過如今您已經幫我做了一半的宣傳工作了，因此，我特地匯二百塊美金回贈貴教會。」

　　面對人們無情的攻擊，聽見人們惡意的詆毀，大多數人都會暴跳如雷，更堅持要用強烈的反擊攻勢，但是貝因哈特卻不願這麼做，因為她知道面對批評時，反攻的力道越強，人們再反擊的力量也會越強，因此與其永無止盡地對抗，不如輕看、淡忘，或是坦然面對與迎接。

　　於是，我們先是看見她微笑應對，大大地顯現出她的才智，後來再見她主動出擊的策略，更以灑脫優雅的處事風采爭得人心，這種智慧與態度實在令人激賞。

　　像這樣的應對機智，似乎是藝人們天賦的本事，像美國影星卡羅爾・錢寧也曾有過類似的表現。

　　多數藝人的付出常常超出我們的想像，而他們專業態度更是不容輕視和忽視，就像美國影歌雙棲明星卡羅爾・錢寧，便是從歌廳裡的小歌星當起。

　　當時的她便已展露出絕佳的表演天分，因而在小歌廳裡累

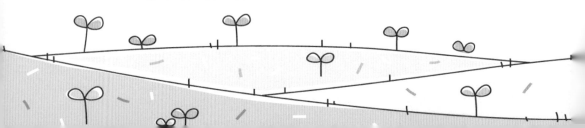

積出不少支持者。為了能與樂迷有多一點互動，她在表演節目
中安排了一段很感性的時間，在這個時間內，聽眾可以即興向
卡羅爾提出一些問題。

　　有一回，有人問她：「妳還記得那個最令妳窘迫的時候
嗎？」

　　「是的，我當然記得！」在這個簡潔有力的回答之後，卡
羅爾便笑著說：「好，下一個問題！」

　　沒有其他回答，只有「記得」兩個字，即使觀眾問題的要
點不在此，但是對錢寧來說，只要「記得」曾經的過去就好，
其他的，無論是流過多少汗水還是淚水都不重要了。

　　從貝因哈特和卡羅爾機靈的反應中，我們也看出了她們看
待自己人生的態度，其實藝人們在歷經重重困苦後，面對生活
中的一切，孰重孰輕，往往比一般人更懂得選擇。

　　那麼，你從她們身上得到了多少啓發呢？想像她們一樣，
擁有如此灑脫且自信的風采，除了用心感受、體會生活之外，
更要培養寬廣的心胸，如此就能擁有滿是陽光微笑的生活了。

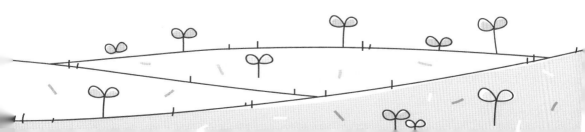

讓結果跟著自己的意思走

 遇到麻煩時，別再逞口舌之快，冷靜思考，才能想出最佳解決辦法，讓結果照著你的意思走。

為了能得出一個令自己滿意的好結果，聰明人總是能從這個角度切換到另一個角度，從這個思考方向切換到另一個思考方向，直到他們找到可以預見良好結果的角度為止。

仔細回想一下，你是否也曾經有過讓結果與你意思相同的時候？回想的同時，我們不妨看看阿拉伯的機智人物阿布·納瓦斯如何智慧解題。

巴格達某位商人有個大浴池，不過這池水卻是長年冰冷徹骨。有一天，商人對外宣佈：「只要有人能在這池子裡泡一夜，就給他十枚金幣。」

有個窮人為了得到這份報酬，便毫不猶豫地跳進浴池裡。

半夜時分，窮人的兒子來到浴池邊，發現父親精神飽滿地坐在池水中。為了支持父親，他便在池邊點燃燭火陪伴父親直到天亮。第二天，父子倆一同向商人要錢，沒想到商人卻拒絕，理由是：「你在池邊點蠟燭，違反規定。」

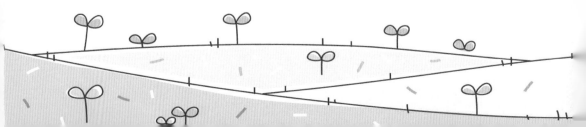

商人拒絕付錢，窮人只好找法官告狀，但是法官們全都偏袒這名商人，最後他們只好找阿拉伯智者阿布・納瓦斯幫忙。了解情況後，阿布・納瓦斯邀請國王、法官、大官們和那名商人到他家吃飯。

客人們準時出席，但是，他們從早上一直等到下午，卻不見主人將飯菜端上桌，餐廳裡的客人們全都餓壞了，其中一名法官忍不住跑到後面催問，但卻見到阿布・納瓦斯在樹下點了一根根燭火，鍋子則高掛在樹枝上。

法官見狀，不解地問：「這燭火距離鍋子這麼遠，我們到底要等到什麼時候才能吃飯啊？」

阿布・納瓦斯點了點頭，隨即便請國王等人一同到那棵樹旁，然後將窮人的遭遇說一遍，接著他質問商人：「我們都知道，這樣燒飯是不可能把飯煮熟的，這和窮人浸泡在冷水中的情況不是一樣嗎？但為何商人偏說窮人之所以能熬過一夜而不受凍，全是因為他兒子在池邊點火呢？」

國王了解前因後果後非常生氣，當下命令商人得支付窮人一百枚金幣，以補償窮人的精神損失。

生活中有許多事情不是據理力爭就能得見成效，解題論事若能以實例佐證，清楚分析其中事理，反而能讓人更明白其中原委。

遇到麻煩時，別再逞口舌之快，冷靜思考、仔細推敲，才能想出最佳解決辦法，讓結果照著你的意思走。

欣羨智者的冷靜智慧嗎？

那麼從現在開始，面對任何事情都要求自己保持冷靜，多轉彎思考吧！

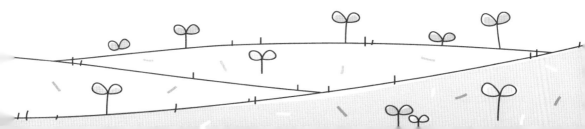

自己的身價，只能由自己評價

自己的價值無須借助他人證明，對自己的評
價也唯有我們自己清楚。對自己生命的評
價，褒貶全由自己承受。

到了八十四歲時，伏爾泰已經是個長臥床褥的老人家了，
也早已知道自己不久就要與死神相見了。

有一天，一位牧師來到他床邊，輕聲對他說：「請接受我
的祈禱，伏爾泰先生，我可以為您預先訂購一張天國的入場
券。」

但是，這位生性幽默的老哲學家並不領情，反而盤問起對
方的身份：「牧師先生，是誰叫你來的？」

「伏爾泰先生，是上帝派我來為您祈禱的。」牧師說。

「是嗎？那麼，麻煩你拿出上帝給你證件讓我看看，先驗
明正身，以防假冒。」伏爾泰說。

已經垂垂老矣的伏爾泰，直到生命的尾聲時，仍不忘掌控
自己的生命，這或許是牧師一生中所得到最為震撼的機會教育
吧！

面對死亡，伏爾泰一點也不感到恐懼；或者我們可以這麼

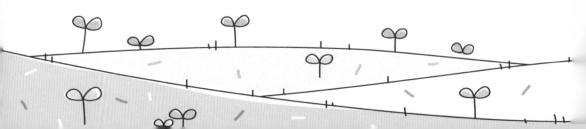

想，他對人生終結時要落腳的地方早有定見，天堂也好，地獄也好，對他來說，在活著的當下，自己仍是自己生命中的主人，這才是最重要的吧，至於能不能上天堂，根本就無關緊要。

透過老哲學家的身影，我們也明白了，自己的價值無須借助他人證明，對自己的評價也唯有我們自己清楚。

英國詩人貝恩斯某一天在泰晤士河畔散步時，河畔忽然傳來一陣驚呼聲，貝恩斯往河面望去，卻見一名男子跌入河底，另一個男子則連忙跳入河裡救人。

被救起的男子看起來是個貴族，因為他身上穿的服飾便能表示他的身份，至於冒著生命危險救他的男子，應當是來自窮苦人家，因為貝恩斯從他身上的打扮便可得知。

「謝謝！這是我的一點點心意。」貴族男子拿出的那份心意果真只有「一點點」，只見窮困男子手中放著的竟然是一枚銅幣；儘只有一枚銅幣，那名男子依然很有禮貌地說聲：「謝謝。」

窮男子一點也不介意，但圍觀的群眾卻非常不滿，有人怒斥道：「他可是冒著生命危險救起你的，你未免太吝嗇了吧！」

在這不滿的鼓譟聲中，甚至有人還說：「是啊！這樣肚量狹小的人，不如讓他再回到河裡去吧！」

這時，貝恩斯立即上前阻止：「各位，別再理睬這個人了，放了他吧！我想，他應當很瞭解自己的價值。」

機智的貝恩斯在為貴族男子解圍的同時，也用幽默的話語

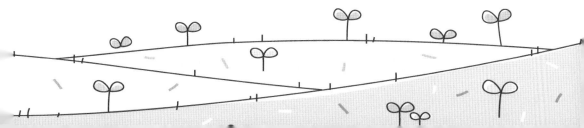

丟出了一道令人深省的人生題目，那便是「只有你最清楚自己的價值」。

如果人們再將那名貴族推入河中，那麼，那名窮困男子原來救助人的那份無價心意便將消失；相對的，貴族男子拿出來的那一枚銅錢，正代表著他對自己生命的評價，其中褒貶全由他自己承受，旁觀人大可不必替他判斷。

再仔細想想伏爾泰的堅持，你給自己的人生評價是否更加確定了呢？

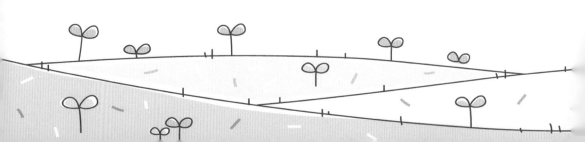

冷靜處事，才能減少爭執

人與人之間若想多一點和諧，便要多用一些智慧，也多學會控制自己的脾氣，並多學習理性處的冷靜智慧。

天空忽然下起了雨，旅行者原本想再騎著馬繼續趕路，但雨越下越大，轉眼便淋溼了他一身：「不行，還是找個地方把身子烘乾才對。」

進了城裡，他找到一間小餐館，卻見裡頭擠滿了人，當然全是為了要躲這場大雨而湧進的人潮。

旅行者想盡辦法要靠近火爐，卻始終無法如願，忽然他想到了一個絕妙好計，於是對著老闆喊道：「老闆，快拿點魚去餵我的馬！」

「馬吃魚？馬不吃魚吧！」老闆也大聲反駁回去。

但是，旅行者仍然堅持道：「你別管，照我的去做就對了。」

店裡的人們聽見兩個人的對話無不豎起耳朵，人人好奇心大作，紛紛跑出去外面看馬怎麼吃魚。

說到這兒，你想到些什麼沒？是的，一如聰明的你所想，大家都被好奇心驅使，出去看馬吃魚，如此一來店裡就只剩下

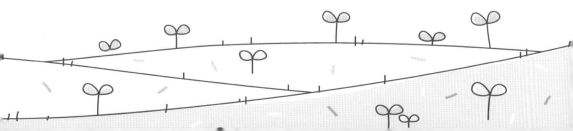

旅行者一個人啦！

　　他說完話後,便輕鬆閒步到火爐旁邊坐了下來,慢慢等著這火將自己溫暖烘乾。過了一會兒,老闆和那一群七嘴八舌的好事者紛紛走進屋裡,老闆還很生氣地說:「喂,你的馬又不吃魚!」

　　旅行者聽了,笑著說:「這樣嗎?沒關係,你把魚放在桌子上,等我把衣服烘乾了,我自己吃。」

　　不必與人爭鬥,也不用向老闆提出抗議,只要動一動腦,只要用點無傷大雅的小心機,便能輕輕鬆鬆擁有自己想要的機會,又或者是保住自己的權利,就好像下面故事中士兵狄克的機智反應。

　　狄克正提著一瓶酒回到營地,但很不巧的是,讓他碰上了營隊裡以管理嚴苛著名的連長。果然,連長一發現他手中的酒瓶便質問:「哪裡來的酒?」

　　狄克見連長神色嚴厲,連忙回答說:「連長,這酒是我和上校合買的,其中有一半是屬於上校的。」

　　連長聽了,便說:「好,那把你那一半倒掉!」

　　狄克聽了,露出為難的表情:「連長,我不知道要怎麼倒,因為,我的那一半放在『上校的』下邊!」

　　關於這樣的答案,連長最後接不接受倒不是重點,重點是狄克靈活的反應讓人拍案叫絕。他不與連長強烈爭執,也不故意捏造謊言,而是以退為進,先把責任目標轉移至「上校」的

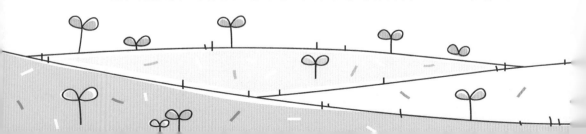

身上，然後玩弄一點小聰明，把「上校」擋在自己的前面去迎戰承擔，自己則暫時躲在旁邊，等待權利緊握在手後，再開開心心地享受擁有。

　　從中也讓我們明白了，生活不只要有隨機應變的智慧，更要有理性解決問題的冷靜，雖然兩則故事的主角在在展現了機智的重要，但這裡最值得我們學習討論的卻不在於他們的機智，而是他們面對問題的態度。

　　遇到困難，遇上麻煩，除了要學會冷靜之外，更要保持理性，絕不能以情緒對付問題，讓雙方因為火氣升起而落得兩敗俱傷。

　　人與人之間若想多一點和諧，不讓情緒傷害了人際關係，不想再有偏執鬥爭的場面，便要多用一些智慧，也多學會控制自己的脾氣，並多學習理性處的冷靜智慧。若能如此，我們不只能為自己建立一個成功的人際網，還能讓我們無論向哪個方向走去都無往不利！

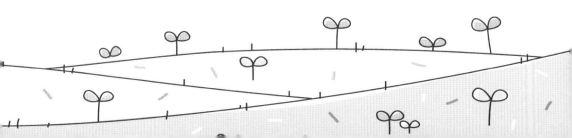

PART 6

用幽默的心情，看待惱人的事情

用幽默的心情面對，
所有煩擾的事將轉身變成生活的趣味；
只要以一些些微笑面對，
所有憂懼的事都能啟迪你的智慧。

用幽默的心情，看待惱人的事情

用幽默的心情面對，所有煩擾的事將轉身變成生活的趣味；只要以一些些微笑面對，所有憂懼的事都能啟迪你的智慧。

法國作家伏爾泰曾經遇到一位十分傾心於他的讀者，該位書迷為了表達心中的仰慕之情，洋洋灑灑地寫了一封長信傾訴他心中的敬仰。伏爾泰讀完信後非常感動，於是也提筆寫了封回函表示感謝。

然而，從這封回信之後，伏爾泰每隔十天就會收到這位讀者的一封信，而伏爾泰也照舊很有禮貌地回覆一封信給這名讀者，只不過回覆的次數越來越多，讓原本好意的互動變成了伏爾泰無謂的負擔。

於是，伏爾泰回覆的文字越來越短，直到有一天，他再也按捺不住脾氣，回覆讀者這麼一行字：「讀者閣下，我已經死了。」

沒想到幾天後，讀者的回信又到了，信裡竟這麼寫著：「謹呈在九泉之下的、偉大的伏爾泰先生。」

伏爾泰一看，立即回信道：「望眼欲穿，請您快來。」

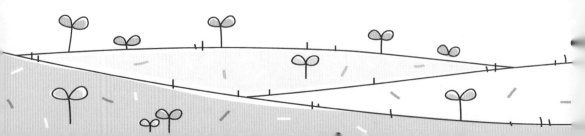

讀到「請您快來」時，你是否也被這位幽默的哲學大師逗得哈哈大笑呢？

這是伏爾泰幽默的解決辦法，哲學家的脾氣雖然已經冒出火光，但是他仍然不忘修養，不以惡言相向，而是以幽默來回應，並暗示那名讀者該停筆了！

換作是你，你會怎麼回應那種棘手的情況呢？

哲學家們的思考角度向來獨特，很少直接給人答案或回應，總是喜歡把問題再丟回人們的手中，讓對方再想一想到底為什麼。咖啡癮嚴重的伏爾泰，聽見好朋友要他戒咖啡之後，便曾給他們一個十分巧妙的回答。

有天，有位朋友擔心地對伏爾泰說：「你別再喝這種飲料了，你不知道這是一種慢性毒藥嗎？你現在等於是在慢性自殺啊！」

「嗯，你的確說得對，我想它真是慢性的……」伏爾泰說到這裡頓了一下，接著又說：「不然，為什麼我喝了六十五年都還沒有死呢？」

在會心一笑的時候，你是否和伏爾泰的朋友一樣，讚歎他的機智幽默？」

閱讀名人們的小故事，總能啟發我們無限的思考，就好像這兩則伏爾泰的小軼聞，便給了我們十分深刻的啟示，讓我們明白：用幽默的心情面對，所有煩擾的事將轉身變成生活的趣味；只要以一些些微笑面對，所有憂懼的事都能啟迪你的智慧。

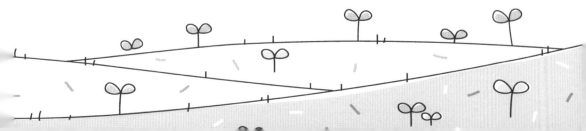

用幽默的方式，指出對方的不足

 最重要的還是表達的方式。透過幽默的方式，能讓對方更清楚地了解自己的不足之處，要是因此謙虛自省，未嘗不是件好事。

某一天，科學家戴辛寄了一份自己創作的劇本給影星凱薩琳・赫本。赫本在看完劇本後，便立即回信給他。

但是，當她坐到書桌前時，卻不知道該怎麼動筆比較妥當，只見她先是寫道：「親愛的戴辛先生，謝謝您送來這麼動人的劇本，非常感謝您。這劇本真的很有趣，只是……」

寫到這裡，她忽然停頓了下來，因為這些字句太虛偽做作了，於是她另外又拿出一張信紙，寫道：「親愛的戴辛先生，我很用心地看了好幾遍，但是，我實在不明白這劇本到底在說些什麼，實在亂糟糟的……」

赫本在這裡再次停了筆，隨手又抓了另一張信紙，第三次從頭寫起：「戴辛先生，我從來沒讀過這樣無聊而又令人喪氣的劇本……」

「不行！這樣太沒禮貌了！」赫本心裡想。

於是，她又重新改寫：「親愛的戴辛先生，承蒙眷顧，不勝感謝，只可惜我工作繁忙，無暇抽身……」

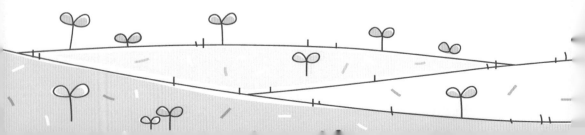

「不行，不行，我怎麼可以說謊呢？」

赫本停下了筆，望著桌上散亂的回信發呆。

後來，她和朋友們談起這件事情，朋友問：「那妳最後怎樣解決？」

她說：「最後，我只好把那四張信裝進同一個信封裡，一起寄給他看。」

如果你是赫本，你會怎麼回信給對方？

生活中，我們經常會遇到相似的情況，礙於情誼，也礙於人跟人之間的面子，說好聽一點是為了避免再見面時的尷尬，說現實一點，其實是害怕自己得罪了人，因此每當他人徵求意見或是希望我們提出批評指教時，許多人總說得很模糊。然而，這樣的擔心會不會太多餘了呢？

其實，過分地拐彎、修飾答案，反而容易讓人產生誤會；反之，只要是誠懇地批評，並非存心找碴，真正有心求教的人終會聽見其中的重點，也自然會明白你的心意。例如，俄國畫家伊戈爾在一次與女友約會的過程中，女孩便曾給了他一個很直接的心得感想。

那天，伊戈爾第一次把女朋友帶回家中，為了顯示自己的才華，便將自己剛完成的幾張素描拿出來讓女孩欣賞。

「不錯，不錯，這幾張作品和我弟弟的水準不相上下。」女孩肯定地說。

伊戈爾聽了非常開心，連忙對女孩說道：「是嗎？我居然不知道你弟弟也是位美術專家呢！」

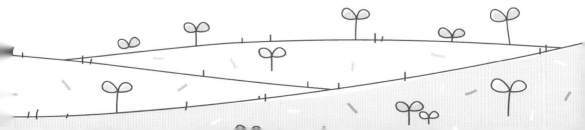

女孩一聽，笑著說：「什麼美術專家？他只是個小學三年級的學生啊！」

先給讚美，然後再直接點出其中不足，這是伊戈爾女友的應答，也和赫本最後決定將四張信同時寄送給科學家的決定有著異曲同工之處。該怎麼說，又該在什麼時候說，全都經由安排巧妙地傳達，這些幽默字句讓聰明人的生活智慧全然展現。

其實，無論我們怎麼選擇說話的時機，也不管我們怎麼琢磨意見和字句，最重要的還是表達的方式。透過幽默的方式，能讓對方更清楚地了解自己的不足之處，要是因此謙虛自省，未嘗不是件好事。

總而言之，無論是給意見的人還是尋求建議的人，都要有一顆真誠的心。

人和人之間本來就不該有任何對立或仇視，更不該為了一句真心話而感到煩悶氣惱，何不換個角度說：「想有快樂生活、想更進一層樓，就把人們給的可怕批評視為好意建言吧！」

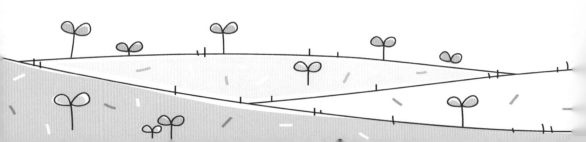

適時發洩，也是一種智慧

人不該老是企圖佔有，更不應該老是計謀著如何佔人便宜。萬一遇到勢利無知的人物，不妨試著發揮自己的智慧，適度地發洩發洩。

經濟情況不甚理想的義大利畫家皮德羅‧安尼戈尼，當初被房東趕走時，曾忍不住回了一點「顏色」給房東，這故事至今仍讓人津津樂道。

事後，大畫家是這麼對朋友說的：「房東決定要將我租用的畫室賣掉時，我非常傷心，為了晚一點離開那個地方，我想出了一個好辦法。」

「你買了它嗎？」朋友問。

大畫家搖了搖頭說：「不是，當時我想如果牆上有幾條裂縫的話，那房子肯定不容易賣出去，因此我便在屋內畫了好幾條『裂縫』，其中又以從窗戶上面的天花板直通而下的那條最逼真。」

說到這兒，大畫家臉上露出了得意的笑容，接著又說：「沒想到，結果遠超出了我的預期，房東等了近兩年的時間都還賣不出那間房子呢！所以，如果你們問我，所有作品中哪一個最傑出，那麼我的答案絕對是那幾條裂痕。」

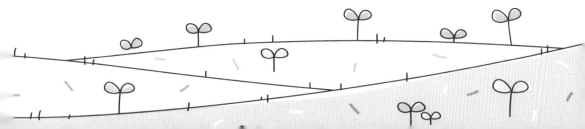

這是許多名人都曾歷經的苦況,因為太投入創作或研究的天地,因而忽略了財務危機。然而,有更多人在面臨現實時,總不忘樂觀面對,好像皮德羅‧安尼戈尼偷偷為屋舍加工的動作,看似苦悶的發洩,其實飽含著藝術家幽默看待生活窘況的智慧。

　　沒有苦求房東延緩,更沒有埋怨生活清苦,他只是拿起畫筆,輕輕在牆上一畫,然後微笑地看著自己的「傑作」,其中甚至還隱含著嘲諷的意味,嘲笑人們竟分辨不出「偽畫」的玄機。

　　有天,義大利音樂家帕格尼尼著急地招來一輛馬車,準備趕赴劇院演出,眼看就要遲到了,便謙卑地拜託車夫趕路一下。

　　「請問這趟車程要多少錢呢?」帕格尼尼禮貌地問著。

　　「十法郎。」車夫大聲地說。

　　「十法郎,您不會是開玩笑的吧?其他車夫可不是這個價錢呦!」帕格尼尼驚訝地說。

　　「當然不是開玩笑,你想想,你只用一根琴弦拉琴,不也要向每個人收十法郎嗎?」車夫反問道。

　　帕格尼尼聽完,冷笑一聲說:「那好吧!我很樂意付你十法郎,不過,你也只能用一個輪子把我送到劇院,而且得快!」

　　讀到帕格尼尼要求車伕用「一個輪子」前進,再想到安尼

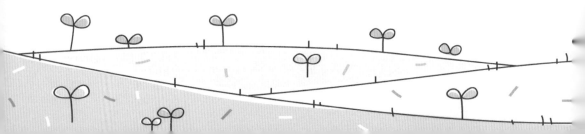

戈尼在牆上畫的那幾條栩栩如生的縫，想必讓不少人會心一笑吧！或許正是這樣非凡的創意巧思，讓他們無論遇到什麼樣的事情總能巧妙應對。

人不該老是企圖佔有，更不應該老是計謀著如何佔人便宜。萬一遇到類似勢利無知的人物，不妨試著發揮自己的智慧，適度地發洩發洩。

想要提昇自己的處世競爭力，就要懂得用幽默的方法說出自己的看法，同時用幽默的方法改變對方的想法。

出糗與批評，是每個人都沒有辦法逃避的人生考驗，勢利無知的人永遠會想辦法挖掘你的弱點，刺激你的缺陷，好讓你暴露出更多弱點，然後把你攻擊得體無完膚。這時候，你必須學會幽默，因為幽默的話語不只可以替自己解圍，同時也是有效的防禦工具。

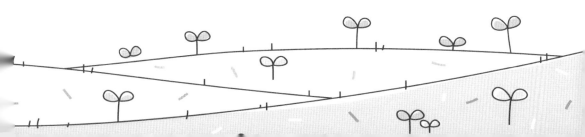

運用智慧突破重圍

 遇到麻煩別再等他人幫忙，因為你一定能為
自己解圍的，只要你的思考多變化、多變
通，自然不會再有坐困愁城的窘況了。

奧地利作曲家約翰·史特勞斯到美國演出後，立即擁有了
許多樂迷，高大俊美的身材和紳士風采，以及捲曲且飄逸的長
髮，更是迷倒眾生。

有位婦女甚至還想盡辦法向史特勞斯要得一束長髮，消息
傳開後，人們紛紛向他索取頭髮作為紀念。

一時之間，樂迷們居然掀起了收藏「史特勞斯頭髮」的熱
潮，而疼愛樂迷的史特勞斯也不負眾望，一一滿足了他們的要
求。

不過，熱潮剛起時，有不少朋友十分為他擔心，擔心他一
時興起，大方滿足了他的樂迷，卻讓原來最迷人的長髮變成一
堆雜亂無章的短毛。

因而在他離開美國時，有不少人前來送行，其中便有許多
關心他頭頂是否變樣的朋友們。這時，史特勞斯戴著帽子出現
了，人群中有人便說：「唉，為什麼要送人頭髮呢？」

就在這個時候，史特勞斯忽然摘下帽子，然後揮著手向樂

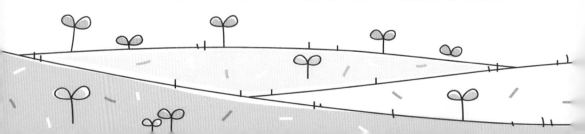

迷告別。在此同時，他們也看到了：「咦？他的長髮還好好地長在頭上啊！該不會他有什麼保養秘訣吧？」

其實，史特勞斯根本沒有什麼秘方，如果人們眼尖，肯定能發現他抵達美國時帶來的一隻長毛狗，如今只剩一身短毛了。

想像「長毛」變「短毛」，再想像樂迷們如獲至寶般的喜悅，你是否已經笑得不支倒地了呢？

追星族的癡迷和史特勞斯的機智形成了強烈對比，這不算是欺瞞的行為，一切不過是單純的供需關係，也算是你情我願的互動結果。

而且從這解決問題的巧思中，史特勞斯其實也給了我們一個為自己解圍的方法，那便是：「遇到麻煩別再等他人幫忙，因為你一定能為自己解圍的，只要你的思考多變化、多變通，自然不會再有坐困愁城的窘況了。」

在這方面，音樂家布拉姆斯也有同樣的智慧。

向來以抒情樂曲見長的布拉姆斯，譜出的每一個音符都像包含了某種魔力似的，總是讓聆聽者感動不已，甚至令年輕女孩們為之陶醉著迷。

有一回，布拉姆斯剛表演完下台休息時，才一坐定位，立即就被一群喜愛他的女樂迷團團圍住。她們熱情地讚美他的創作，有些女孩還不時搔首弄姿地想引起他的注意，然而面對這樣的「盛況」，布拉姆斯可是一點也不覺得愉快。

因為，這群女人們嘰嘰呱呱的聲音，擾得他心煩氣躁，雖

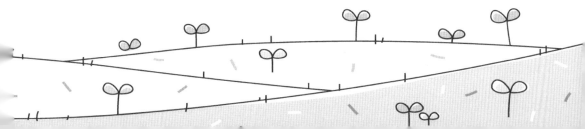

然他好幾次想藉故脫身,但始終無法突破「重圍」。

最後,布拉姆斯只得無奈地取出一根雪茄,然後大口大口地抽起煙來。這一招果然立即見效,因為濃烈的煙味和煙霧讓她們非常受不了,有個女孩便忍不住嬌嗲:「真正的紳士不應該在女士面前抽煙的喔!」

只見布拉姆斯的嘴角微揚,依舊老神在在地繼續吞雲吐霧,然後淡淡地說:「妳們忘啦!有漂亮天使的地方就應該要有祥雲繚繞的景象呀!」

好一個「天使」配搭「祥雲」的理由,為了突破眾天使的「重圍」,找到一個可以輕鬆自在的呼吸空間,布拉姆斯最後想出了先「破壞空氣」再換「新鮮空氣」的絕妙辦法。

從「圈圈中央」飄散出裊裊煙霧,每一個女樂迷必定都會呼吸到這嗆鼻的煙味,但是提出抗議聲時,聽見自己被布拉姆斯形容為「天使」後,又有誰會責備他的不是呢?於是煙霧慢慢散開後,忍受不了煙味的人只得慢慢地跟著「散開」,散到可以呼吸新鮮空氣的地方,至於布拉姆斯當然也藉著這些「祥雲」,替自己突破重圍囉!

看完這兩個風趣幽默的解決辦法後,你是否也學會了怎麼替自己解圍呢?

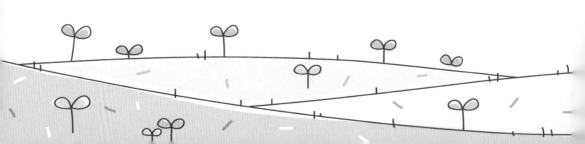

多開口，就可以順利交流

與其擔心說錯話而不敢開口，不如多說話，
慢慢培養與人交流溝通的勇氣，才能在人際
關係上有所突破。

恐懼發言的人很難培養出自信與表達能力，總是不肯開口
說話的結果，心中的想法當然無法充分表達出來，如此一來，
很容易讓別人心生誤解，進而造成不必要的緊張對立情況。

有個男子常常參與讀書會，雖然他很積極參與，卻從不曾
開口講話。

哲學家狄奧佛拉斯塔見狀，有一天忍不住對他說：「如果
你是一個傻瓜的話，那麼你的表現肯定是最聰明的；但是，如
果你是一個聰明人，那麼你的表現無疑是最愚蠢的。」

狄奧佛拉斯塔想傳達的寓意其實是：「真正聰明的人知道
什麼時候該選擇沉默，更知道要在什麼時候積極地表現自己。」

我們常說「多說多錯」，也因為這個邏輯推論，讓很多人
根本不敢表達自己的看法，甚至到了有勇氣表達時，往往「一
說就錯」！

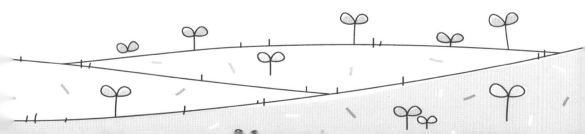

別以為「少說少錯」就好，如果一說就錯，那麼不管我們怎麼減少開口的機會，一次又一次地說錯話，仍然對我們造成嚴重的傷害。

反過來說，多說雖然多錯，但其中不乏說對話的時候，如果能善加利用，並用它來補強錯誤的說法，曾經的「錯」就能慢慢地修補成「對」的結果。

其實，開口說話並不難，只要不是有心編織的謊言，或是有心傷人的毒話，只要能有一份誠懇溝通的心意，和用心思考之後才回應的答話，就有助於你我人際關係的順暢了。

如果你時常害怕自己在大庭廣眾下說錯話，那麼法國演員讓‧加班的巧思妙語或者可以供你參考。

在第二次世界大戰期間，法國著名演員讓‧加班來到紐約，當時有位記者問他：「請問，法國人對於他們的英國盟友抱持什麼樣的態度呢？」

「我們都支持英國，也反對英國。」加班說。

「怎麼說？」記者不解地問。

加班說：「那些支持英國的人，每天晚上都是這麼祈禱的：『親愛的上帝啊，請讓那些勇敢的英國人快點獲得勝利吧！』至於那些反對英國的人，則是這麼祈禱的：『親愛的上帝，請您讓那些醜惡的英國人贏得勝利吧！』」

加班答案的重點是「贏得勝利」這幾個字。

就當時的情況來說，所有人心中盼望的只有「贏得勝利」，加班當然知道重點，然而他又不想遮掩國人對英國人複雜的心

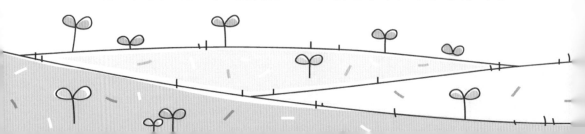

情，所以他讓答案轉了個彎，因而雖有一樣的祈禱、一樣的希望結果，可是就法國人的真實情感上來看，對於英國人的愛恨情仇也一樣地呈現出來了。

雖然加班的話語裡充滿了嘲諷，但是，當我們聽見這段祝福時，不是都只是輕輕一笑而已嗎？

換言之，能把話說得又好又巧的人並不多，說話偶爾「突槌」更是人人都會發生的事，所以與其擔心說錯話而不敢開口，不如多說話，慢慢培養與人交流溝通的勇氣，才能在人際關係上有所突破，也才是聰明人的做法啊！

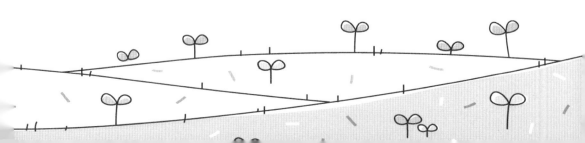

再怎麼絕望,也要充滿希望

 死的意象常與結束連接,但我們不妨將死亡朝正面積極的方向思考。正因為生死難料,我們更應該把握今夕今朝。

法庭上,法官問:「你就要被槍決了,有沒有什麼遺願啊?」

犯人回答:「有,我希望能穿上一件防彈背心。」

這犯人看來似乎比法官還要聰明幽默,不是嗎?

想要防彈背心當然不可能被應允,死刑犯必然也知道這個結果,只是,與其說出個平淡無奇的要求,不如給個讓人印象深刻的答案,或者還能增添一點樂趣,讓人留下一點記憶。

就像英國冒險家亞歷山大·布萊克韋爾一樣,雖然他的冒險故事為人熟悉,但那些故事怎麼也比不上他臨終前的最後一句話讓人記憶深刻。

命運不濟的布萊克韋爾,晚年因為投資失敗而入獄,最後還被牽連進一起神秘的政治陰謀案件中,被判斬首極刑。

臨刑那天,布萊克韋爾被帶到鍘刀前,只見他把自己的頭

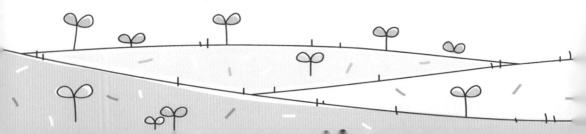

偏擱在砧板上，劊子手一看，便對他說：「先生，你把頭擺錯位置了。」

布萊克韋爾欠了欠身，滿臉抱歉地對劊子手說：「不好意思，這是我第一次被砍頭，難免出錯。」

看了那麼多「第一次被砍頭」的犯人，卻沒有人像他一樣幽默機智，也因為這個小插曲，讓原本看起來頗為恐怖、可怕的結果，最終多了那麼一點趣味，反倒沖淡了死亡的悲情。

當然，無論是第一例的犯人還是布萊克韋爾，他們表現出來的終歸是一種垂死掙扎，然而小小的幽默在讓人不覺莞爾的同時，也有一番深省。

若是前兩則故事不夠明白，那麼還有一名罪犯可以讓我們分享他的臨終心情。

有一名犯人被押上絞架時，忽然苦苦哀求著：「拜託你們，請把絞索套在我的腰上，不要繫在脖子上。」

行刑人一聽到這個令人啼笑皆非的要求，當然不予理會，動作依然照規矩來，這時犯人連忙解釋道：「求求你們啦！因為我的脖子特別怕癢，要是你們把絞索套在脖子上，恐怕會害我笑死。」

果真是怕癢？還是人們總得到了最後關頭才知道面對現實？

死的意象常與結束連接，但是看完這幾則趣聞，我們不妨將死亡朝正面積極的方向思考。正因為生死難料，我們更應該把握今夕今朝，用這種觀點來推動自己積極前進。

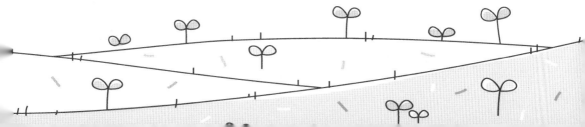

很多時候，我們總勸人要樂觀積極，要忘記悲情，但是，面對一些容易記起灰暗角落的人來說，我們不妨試著借助這種灰色幽默的力量，讓他們相信心中的「黑暗」其實也富含著力量，教他們看見黑暗中的希望，讓他們習慣在黑暗中發現真實的自己。

　　慢慢地，他們也能懂得灰色幽默的趣味，也明白了在「悲觀反諷」的劇情背後，其實蘊含了更多生活動力。

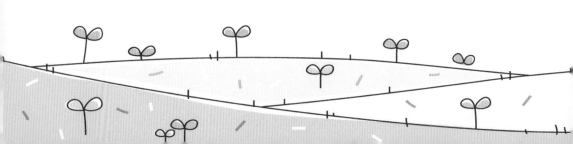

自重才能得到他人的敬重

 與人交流，心底若少了真心對人的誠意，無論地位多麼崇高，也始終得不到人們的敬重。

與人交流若少了真心誠意，就很難得到人們的尊敬。

其實，你怎麼看人便代表你是一個怎樣的人，認為眼見的全是醜惡的人事物，那就代表你心中只有醜惡，沒有美善。

文藝復興時代，名畫家拉斐爾獲邀參與梵蒂岡教皇皇宮內的壁畫繪製工作。當時，畫家們對於這樣神聖的工作都十分重視，拉斐爾當然也是如此，以極為虔誠且恭敬的心，全力投入其中。

為了能完整呈現《聖經》裡的旨意，拉斐爾用心地理解與想像文本中的故事和智者之言，然後小心翼翼地在牆上勾勒出一條條清晰的筆畫線條。接著，透過拉斐爾的巧手，一個個宗教人物栩栩如生地呈現在大片的牆壁上。

有一天，兩位紅衣主教突然興致勃勃地前來觀看拉斐爾作畫的情況。

拉斐爾這時正站在支架上努力創作，由於長時間舉手作畫

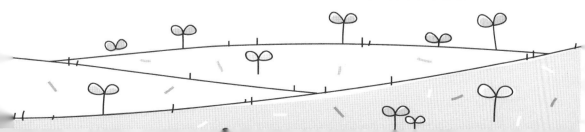

的關係，讓拉斐爾的手臂越來越酸痛，偶爾會看見他甩手的動作，只是作畫時間有限，不能稍有停歇，他只好忍著疼痛，吃力地繼續揮動手中的畫筆。

但紅衣主教們呢？他們抬起頭且皺著眉看著牆上的作品，看了好一會兒時間之後，其中一人忽然批評說：「唉呀！他怎麼把耶穌和聖保羅的臉都畫得這麼紅啊？」

「是啊，是啊，那顏色怎麼看都不大對勁啊！」另一個人說。

紅衣主教們的對話有些大聲，似乎有意要讓拉斐爾聽見。事實上，在這個偌大且安靜的空間裡，即便是一根小針落地也會有如大槌著地的聲音效果，那紅衣主教們的對話更有如雷聲巨響！

拉斐爾聽了紅衣主教們的批評聲後，雖然忍不住停下了畫筆，卻沒有轉身回頭看，只是背對著主教們，並以低沉的聲音回答道：「先生，我是故意這麼畫的，因為聖主們在天堂裡看見教堂被你們這些人管理時，心中甚感羞愧。」

聽見人們的批評聲時，你都怎麼看待又是怎麼回應的？

紅衣主教們的批評聲對照著拉斐爾沉穩且默默作畫的身影，讓我們更易比較出誰才是真正的上帝子民，為了能表達出心中的尊敬，拉斐爾努力地舞動手中的筆，再辛苦也不願放手，這心意任誰看了都為之感動，不是嗎？

反觀這兩位紅衣主教們，以自己的身份為傲，以為穿了紅衣便與上帝最為親近，但事實上，他們的恣意批評和那份高傲自滿的態度，早就已經讓自己和上帝遠離了啊！

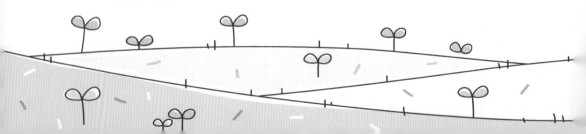

　　這就好像濟公禪師曾提出的「修口」和「修心」之道，認為人若能修心，屠夫也是佛，但修口不修心，近佛也成魔。他的主張和故事中的旨意一樣，一切應以「心念」為重。

　　其實，人與人之間交流不也是如此，心底若少了真心對人的誠意，無論地位多麼崇高，也始終得不到人們的敬重。

　　當拉斐爾以「紅了臉的上帝」來反諷紅衣主教們的同時，也傳遞出這麼一個旨意：「一個小批評或許沒什麼大不了的，但是，你說出的話正代表了你的心──心底的醜惡與美善！」

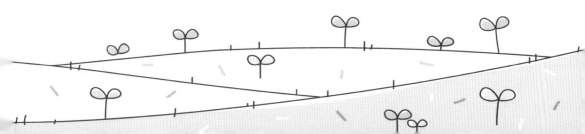

要專注,也要理性看待所有人事物

 無論是處事還是待人,多保持「冷靜」,也多一點「專注」,自然懂得如何用智慧,換得人們的信服與心甘情願的接納。

這天,有個人向毛拉請教:「請問,要怎樣才能成為一個真正的人呢?」

毛拉笑著說道:「當你聽到聰明人在講話的時候,要能集中你的精神,更要把他說的話牢牢記在心中,並且付諸行動。另外,當你發現有人十分認真地聽你講話時,你一定要提醒自己,得保持冷靜的情緒和清醒的頭腦,知道自己正在講些什麼。」

與人溝通,不外乎這個兩個原則,聽人講話要能認真聆聽,不論是否贊同,至少這個專心不會讓我們漏聽了對方的每一句話,以致於發生誤解或是帶來不必要的偏見和爭論。

反過來,當我們開口說話時,也要認真專注,更要隨時保持腦袋清醒,若不能冷靜分析、不能理性解題,就不能輕易開口說話,不然我們很容易便會被一句不經心的話,搞得心力交瘁。

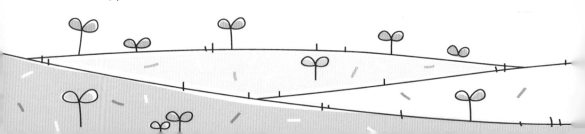

與人溝通如此，處事更應該如此，就像下面這則判決事例。

為了能得到人們的同情，律師對法官另外提出一份資料：「法官大人，我的委託人在精神上有雙重人格的情況，想請您對我的委託人有多一點同理心，對他能再寬容一些。」

「是的，我也把這一點考慮進去了，我想，就給他的每一種人格判刑五年就好。」法官微笑地說。

帶著微笑接受法官的判決時，我們不妨想一想，聽見律師的請求時，你會怎麼思考，是大發仁心地點頭答應，還是就事實情況研判？

以上這兩則故事雖然簡單，但仔細想想，就會發現其中隱含深奧的哲理：「**處理事情不能用感情解決，人事紛爭不能用情緒面對！**」

故事中冷靜的法官做到了，毛拉也條理清楚地說給我們聽，那麼此刻的你是不是也悟出了其中訣竅呢？

別想得太複雜，生活的道理其實很簡單，因為每人心中自有一把尺，能清楚分別是與非、對和錯，也能有正確的判斷。

無論是處事還是待人，多保持「冷靜」，也多一點「專注」，自然懂得如何用智慧，換得人們的信服與心甘情願的接納。

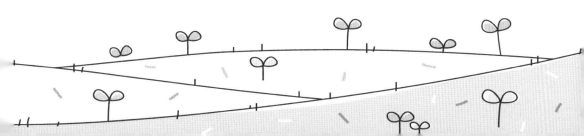

PART 7
發揮智慧，就能靈活應對

無論是自救或救人，臨危不亂是基本，

反應靈活是竅門，機智變通是要訣，

只要把握這幾個要點，

再大的危機都不過是小麻煩罷了。

發揮智慧,就能靈活應對

　無論是自救或救人,臨危不亂是基本,反應靈活是竅門,機智變通是要訣,只要把握這幾個要點,再大的危機都不過是小麻煩罷了。

　　西元三世紀,隨著亞歷山大軍隊來到萊普沙克斯的古希臘哲學家阿那克西米尼,其實也是萊普沙克斯人,為拯救自己的故鄉免於受到軍隊的蹂躪,著急地求見亞歷山大帝。

　　看見哲學大師求見,亞歷山大當然知道他的來意,因而未等他開口便說:「我現在對天發誓,我絕對不會同意你的請求。」

　　「陛下,其實我是想請您下令毀掉萊普沙克斯啊!」哲學家大聲地說。

　　亞歷山大一聽,先是愣了一下,接著笑著點頭。因為君無戲言,萊普沙克斯終因亞歷山大的急躁與阿那克西米尼的智慧而倖免於難。

　　人的一生中危機處處,如何才能安全地解除危機,可說是從古至今人人都在尋找的答案,為了找到最佳的解危妙方,有人絞盡腦汁想新辦法,有人則翻遍古今典籍,希望能從別人分

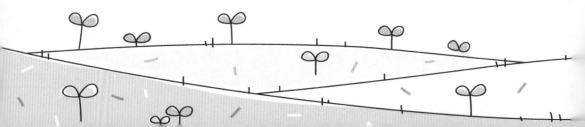

享的智慧中得到解答。

　　只是，即便找到了那樣多的方法，如果不懂得靈活運用，反而容易害自己陷入危機、無法脫困。

　　用機智化解危機的方法，表演兼舞蹈家鄧肯便表現得十分巧妙。

　　當時，有位貪戀女色的義大利作家一看見長相漂亮的鄧肯，便立即展開追求，一會兒採用情書攻勢，一會兒猛送鮮花，為了得到佳人芳心，可說拼了命地恭維、奉承。

　　最後，他終於得到鄧肯的接納。以為佳人到手的作家，連忙把握機會，向鄧肯提出更進一步的要求：「我可不可以半夜拜訪。」

　　沒想到，鄧肯竟點頭答應了。

　　只是當作家走出門後，鄧肯也開始忙碌起來。她在房間裡鋪滿了喪禮用的白花，然後在屋裡點上了許多白色蠟燭，最後還準備了蕭邦寫的送葬曲。

　　當天晚上，作家興沖沖地來到。只見一身白衣素妝的鄧肯，嫵媚地將他推倒在椅子上，然後自己開始舞動了起來，一會兒將白色花瓣撒到作家身上，一會兒又叫琴師吹起送葬曲。

　　就這樣，她一邊跳著舞，一邊開始吹熄屋裡的點點燭光，直到只剩下作家身邊的那兩盞燭火。

　　屋內變得很昏暗，那搖曳的燈影和發著幽光的白色花瓣，再伴著淒冷的送葬曲，使得屋裡的氣氛變得十分詭異，更讓這位作家寒毛直立，只見他猛吞嚥著口水，心裡直嘀咕著：「不會是中邪了吧！」

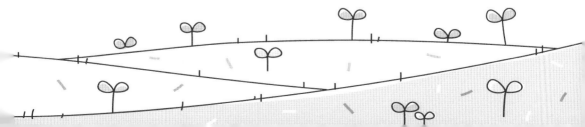

就在他想像著鬼魅的可能性時, 鄧肯忽然飄移到他的面前, 將倒數第二根蠟燭吹滅, 當她正準備吹熄最後一根燭火時, 作家竟驚恐地大叫了一聲, 迅速從椅子上跳了起來, 旋即奪門而出。

　　看到結局時, 你是不是忍不住拍案叫絕呢?

　　其實不喜歡對方, 不必擺臭臉相應, 學學鄧肯, 想個能讓對方知難而退的好辦法, 更能一勞永逸、永除後患。

　　不管是從鄧肯身上學習, 還是從阿那克西米尼的表現中思考, 我們都不難看見其中門道。無論是自救或救人, 臨危不亂是基本, 反應靈活是竅門, 機智變通是要訣, 只要把握這幾個要點, 再大的危機都不過是小麻煩罷了。

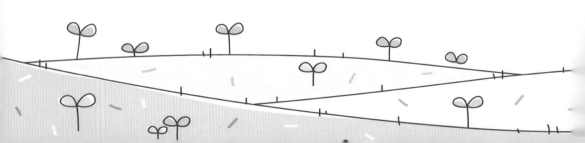

風趣謙虛能增強你的魅力

懂得謙虛，在待人接物時我們便不致於誇大
膨脹，也因為步步踏實，反而能讓我們更有
自信地面對一切。

想要改變對方的想法，就要使用幽默的方法。

幽默是最強大的征服力量，既可以讓對方卸下原有的心防，
也可以緩和潤原本僵持對立的氣氛，更能夠增強自己的魅力。

施萊艾爾馬赫是德國著名的哲學大師，還是個非常專業的
神學家，在神職的工作崗位上表現得十分出色。

許多人都這麼稱讚他：「施萊艾爾馬赫的佈道對象非常廣
泛，他的佈道真是男女老少都愛。」

的確，當其他神父佈道時，聽眾清一色都是些上了年紀的
人，但是當施萊艾爾馬赫演講時，總是能吸引來自社會各個階
層的人，不僅有大學生，還有不少貴婦及各級官員。

不過，當施萊艾爾馬赫聽到人們這麼讚美他時，卻是這麼
解釋的：「的確，我的聽眾是由學生、貴婦和官員組成，學生
們也確實是為了聽我演講而出現。不過，那些女人們來是為了
監看她們的孩子，至於官員們，則是為了配合他們的女人才勉

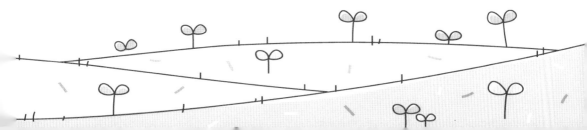

強出現的。」

聽見施萊艾爾馬赫謙虛的解釋後,我們反而更能了解他的魅力,不是嗎?

正是這樣謙虛幽默的態度,讓施萊艾爾馬赫吸引了這麼廣泛的聽眾,畢竟演講者若少了幽默感,是很難獲得聽眾的支持。因此,喜歡高談闊論的人,或是愛對屬下們精神演講的主管人物,不妨認真地培養點幽默感,台下的人們自然樂於配合鼓掌叫好。

不過,除了幽默感之外,更不能忘記謙虛的態度。懂得謙虛,在待人接物時我們便不致於誇大膨脹,也因為步步踏實,沒有虛構和浮誇,反而能讓我們更自信地面對一切。

畢卡索的畫作得到世人公認之後,便有許多收藏家開始以高價收買。他們哄抬的價格之高,經常令其他人望之怯步,甚至連畢卡索本人都自認買不起自己的作品。

某天,有一大群好朋友來拜訪畢卡索。在屋內,他們見到牆上掛了許多畫作,不過他們卻也發現,牆上的畫作竟然全部都是別人的作品,畢卡索自己的作品連一幅也沒有。

「畢卡索,你不喜歡自己的作品嗎?」朋友忍不住提問。

「不,我非常喜歡自己的創作,但是那些舊作實在太貴了,我買不起。」畢卡索這麼回答。

真是因為買不起嗎?

當然不是了,一向最肯定自己創作天分的畢卡索,應該比

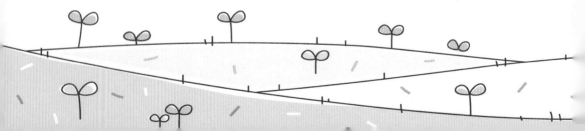

別人更懂得自己作品的價值，也無須花錢去買，不過當人們一窩蜂地拉抬他的作品價格時，他更懂得去尋找和自己截然不同的創作。

也許，我們可以這麼猜想，對他來說，與其高掛自己的作品，不如多欣賞其他藝術家的作品，更能讓他激發出全新的創作靈感。

生命本身不必過分張揚，風趣謙虛反而更能表現出你的不凡，只要懂得用幽默的方法，你同樣能風趣地表達自己的想法，進而改變別人的看法。

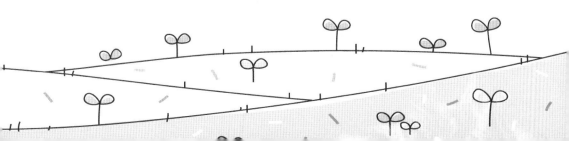

犯了錯，別再拖人下水

 一人做事一人當，是要我們正視自己的問題，並靠自己的力量解決問題，因為我們沒有權力要求身邊的人分擔我們的過錯。

老朋友相見時，當然會有一番寒暄與問候，而且多半會從老問到少、從今天天氣問到昨天情緒，畢竟難得再見面，自然很想了解彼此這些日子的情況。只是問候關心前，還是多做點功課比較妥當，免得自己問錯話發生尷尬，更可以避免觸碰到他們不想提的傷心往事。

翰森和多納爾已經許久未見了。翰森一看見老朋友，第一句話便是關心地問候起他的孩子：「多納爾，這麼多年了，想必你兒子已經有番成就了吧！」

只見多納爾聳了聳肩，嘆了口氣說：「唉，他到底有多少成就我是不知道，不過政府倒是挺看重他。」

翰森先生不解地問：「哦，這怎麼說呢？」

多納爾回答說：「因為，警察不久前才貼出公告，說若是找到他可以得到十萬塊獎金。」

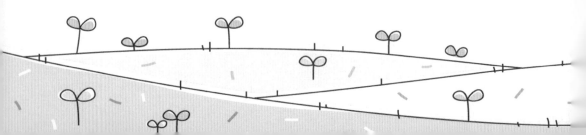

　　若非多納爾冷靜自嘲，問錯話題的翰森恐怕不知道接下來要怎麼和多納爾交談吧！

　　從簡短的對話，我們聽得出多納爾對兒子的無可奈何，踏錯了人生的路，還被警方四處通緝，有這臭名遠播的兒子，對身為父親的他來說想必是十分難堪的，而其中的傷心，局外人也不難深刻感受到。

　　但他還能自嘲，或許他早就看開一切，只是，身為人子的人怎能讓雙親獨自面對這樣的傷心、難堪？

　　對父母親該有體貼孝順的心意，對於身邊的親友，我們更應該設身處地的替他們著想，不該是老想著利用他們來拓展自己。

　　可惜，這類例子從來都沒有少過，其中最常見的就像以下這則故事。

　　某個小鎮的鎮長不時為了堂兄的言行苦惱。

　　原來，他的堂兄非常狂妄，很喜歡搬出鎮長之名來向他人炫耀、施壓，特別是當犯下了違規事情時，鎮長肯定會被他拖累。無可奈何之下，鎮長只好對下屬們說：「記住，你們務必要謹守自己的崗位，千萬不要理會我堂兄的搬弄或恐嚇。你們有你們的職責，只要他犯錯，你們根本無須考慮到我。」

　　得到鎮長的授意，警察和官員們對於那名堂兄再也不畏懼了。

　　有一天，那位堂兄又鬧事，因而警員到場將他帶回警局審訊。這堂兄發現警察們的態度大不如前，氣憤地辱罵著：「你們這些王八蛋，你們不知道我是誰嗎？」

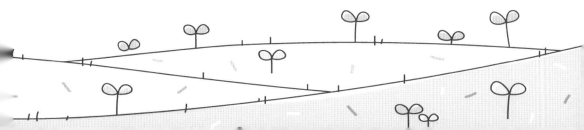

局長走了出來，冷靜地看著他，然後拿起電話撥到鎮長辦公室，接著不慌不忙地說：「請告訴鎮長，他的堂兄目前正在警察局，但他的情況很糟糕，似乎已經忘了自己是誰了。」

　　生活中，許多人不也如此，開口閉口都是：「你不知道我是誰嗎？」犯了錯不冷靜深思自己的過錯，老是抬出親朋好友的名號施壓，或是手忙腳亂地找人幫忙關說，看在別人眼中，只不過是跳樑小丑。

　　像這種忘了自己是誰的人，要是倚靠的勢力不再，而犯錯又已成了習慣，最終下場可想而知。

　　時時提醒自己，別犯了錯就想拖身邊的人下水，要正視自己的問題，靠自己的力量解決問題，因爲我們沒有權力要求身邊的人分擔我們的過錯，更沒有資格要求親友替我們的過失收尾。肯面對錯誤，人們便願意包容原諒並給予支持，最重要的是，能面對過錯，我們才能避免再次犯錯。

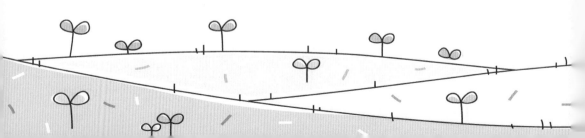

多觀察一點，才能識破虛偽狡詐

 適當的懷疑並非壞事，對人多一點點提防，也多一點點觀察，我們才能阻隔那些虛偽巧詐的人，讓更多真心誠意的人與你我牽繫。

讓人發噱的幽默言談，往往更能讓對方深思你要表達的意思。

當你面對一椿又一椿的惱人事情，面臨受也受不完的鳥氣，與其憤怒地破口大罵，還不如想辦法透過幽默的方法，婉轉說出自己的看法。

有個法律系的學生被安排到法院實習，碰巧遇上一件殺人案沒人審理，因而獲得審問罪犯的機會。

只見學生指著凶器問被告：「你見過這把刀嗎？」

被告搖頭說：「沒有！」

實習生見被告否認，為求慎重，反覆地訊問被告，不過被告始終堅決否認，直說：「沒見過！」

退庭後，實習生反省自己，總覺得表現不佳，「不對，一定是我的態度不夠嚴厲，缺乏威嚇的力量，明天我一定要表現出威嚴，才能鎮懾住對方。」

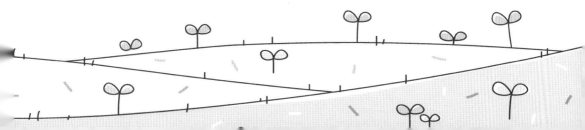

於是第二天開庭時，便見實習生緊皺著雙眉，並睜大了雙眼，然後拍著桌子厲聲問道：「說！你見過這把刀嗎？」

「見過！」被告低聲回答。

見被告承認了，實習生更加確定威懾力的作用果然重要，於是他又猛地拍了一下桌子，問道：「說！是什麼時間？什麼地點？」

「昨天！這裡！」被告顫抖地說。

很有意思的結果，所謂「威嚇」的功效大概就像故事中的情況，只不過被告的答案令人啼笑皆非。現在，我們再看一個類似的例子。

話說在另一個法庭上，有位法官問嫌疑犯：「你見過這把刀子嗎？」

「當然見過。」嫌疑犯說。

「這麼說，你認得這把刀子？」法官追問。

「是的，一連三個星期，您每天都把拿它給我看，我又怎麼會不認得它呢？」嫌疑犯一派輕鬆自在地回答。

兩則不同的故事卻有相同的答案，讀完後你有了什麼樣的看法呢？

當我們走出法庭回到現實生活中，想起與人交流時所遇見的虛情假意，或是讓人嗤之以鼻的奉承恭維，其實不也和故事中的案例相似嗎？很多時候，我們不也難辨其中真偽？

就像第一個例子，看似被震懾住的被告，到底是真冤屈還

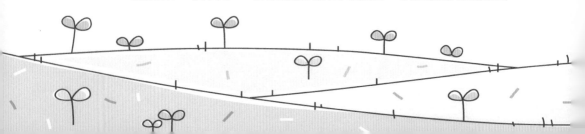

是假畏懼，也只有他自己知道，要想從顯現於外的委屈面容看出真相恐怕很難。

這樣的結果說明，想看見人們的真心或是確實評判出對方的真假，用威嚇的方式是行不通的。

那麼，我們要怎麼樣才能確信對方的心是真誠的呢？

除了時間，還需要敏銳的觀察力和判斷力。不是人人都值得我們掏心掏肺，好比有些人看起來畏縮，並不代表我們可以輕忽鄙視，因為一旦機會到手，他們也許比我們還敢拼搏。

反之，有些人看起來一派大方，也不代表我們能夠與之相互扶持、共享福禍，因為除非事到臨頭，否則測不出對方的心眼到底是寬闊或狹隘。

人心難測，即使是再公正的法庭、再神聖的教堂，也無法探測出偽善者的心。因此，適當的懷疑並非壞事，對人多一點點提防，也多一點點觀察，我們才能阻隔那些虛偽巧詐的人，讓更多真心誠意的人與你我牽繫。

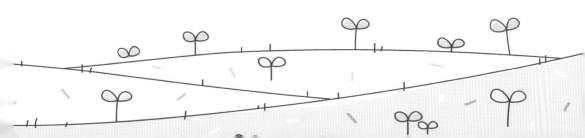

多從他人的角度看事情

當人際關係出現了問題,就不能再站在自己的角度評論他人的是非對錯,而是要站到對方的位置上思考、剖析問題。

有個畫家為一間教堂彩繪壁畫,作品完成時牧師前來視察,卻發現畫家竟把小天使的手指頭畫成了六根。

「先生,您什麼時候見過有六根手指頭的天使啊?真是亂七八糟!」牧師氣憤地質問。

畫家笑著說:「喔,我是沒見過啦!那您是否曾『親眼』見過有五根手指頭的小天使呢?」

儘管牧師皺著眉心,但卻啞口無言。

人和人之間的距離之所以會變得越來越遠,是因為每個人總是站在自己的角度看對方,很少有人會站到對方的身旁,一同觀看事物,並用相同的角度來思考、評論。

當然,若從「常理」來做判斷,五根手指才算正常,然而若再從科學的角度來思考,世上不也有因為基因問題而天生就有六指孩童嗎?

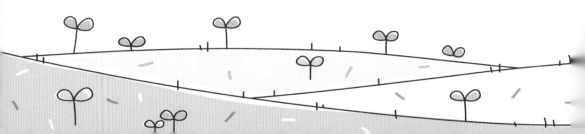

在羅浮宮中，有兩位美國富翁正站在「耶穌降生」的圖前，其中一個人說：「唉，我實在無法想像，他們連最基本的生活條件都這麼差，到底要怎麼活下去啊？你看，那孩子居然直接躺在乾草上，實在太可憐了。」

另一名富翁則說：「怎麼會呢？你不知道耶穌的父母親很富有嗎？」

「富有？」朋友不解地問。

「不然，他們當時怎請得起像緹香這樣的畫家為他們作畫呢？他的索價不是很高嗎？」富翁補充道。

在這則小故事中，富翁的思考與晉惠帝的「何不食肉糜」有著異曲同工之妙，他們只懂得從自己的價值觀去看待他人的世界，並以自己的想法去斷定別人的價值，至於關於畫裡的意境、關於現實世界裡的苦況，他們始終看不見也體會不到，所以晉惠帝的愚昧引發之後的八王之亂，而那名富翁的自以為是也讓他鬧了個大笑話。

回到現實生活中，若是希望人與人之間能有良好的互動，期望彼此能有絕佳的合作關係，第一步要做的，便是多從別人的角度看事情。

此外，當人際關係出現了問題，就不能再站在自己的角度評論他人的是非對錯，而是要站到對方的位置上思考、剖析問題。如此一來，不僅能找出問題的癥結，還能更進一步了解對方的心。

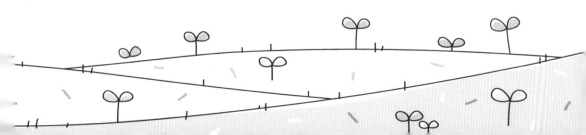

別輕忽人們給你的否定聲音

 別再輕忽別人的否定聲音，也許這些聲音不太悅耳，但是唯有找出原因，坦然面對、積極修補，自己才有進步的考能性。

　　曾經有位鋼琴家對作曲家雷格說：「我發現自己最近的演奏功力進步神速，想買一架新的鋼琴來練習，還有，我很想買個音樂家的半身塑像來裝飾我的新琴，你說，我買莫札特好呢？還是貝多芬比較好？」

　　對於眼前這位所謂的鋼琴家，雷格可是從未肯定過他的才能，因而立即回答：「我看，還是買貝多芬吧！反正他是個聾子！」

　　聽見人們的冷嘲熱諷確實難受，我們也知道要給人多一點肯定與支持，少一點否定和諷刺，但有些人的確需要一點刺激。有時候，適時也適度地給人一些否定看法，反而能給對方更大的思考與反省空間，或是讓他們看見自己還有待補強的地方，一如雷格坦白給予鋼琴家的真心話。

　　古希臘哲學家第歐根尼經常在大白天也提著燈走路，人們

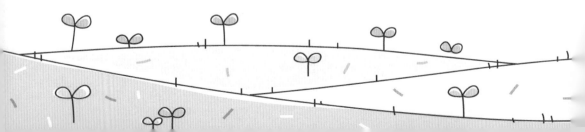

碰到他時，都忍不住要問他：「先生，您為何在大白天提燈呢？」

哲學家回答說：「我正在找人。」

這個答案其實是哲學家在諷刺當代社會中，沒有一個人真正配得上「人」這個字的。正因為他抱持著這樣的觀念，因而當亞歷山大大帝前來拜訪他時，他的態度依然十分耿直，不像其他人那樣謙恭卑微。

當時，亞歷山大態度謙卑地對他說：「先生，如果您有任何需要，請儘管說，我一定會滿足您的一切需求。」

第歐根尼點了點頭，然後卻爬進酒桶裡，接著說：「好，希望你能讓到一邊去，因為你遮住了我的陽光。」

因為第歐根尼心中唯一的盼望，是能找到一個真正的「人」，所以外在的權勢富貴根本對他毫無影響與作用。

換句話說，或者第歐根尼心中最盼望的，其實是你我能從他的「否定」中仔細思考，尋求該如何讓自己成為一個真正的「人」吧！

從故事中延伸出來，當我們聽見人們的嘲諷或否定時，也應該先反省自己，想一想自己是不是真如對方所說的尚有不足，或是我們自傲的能力，在對方看來不過是小聰明而非真有實力。

相對的，別再輕忽別人的否定聲音，也許這些聲音不太悅耳，但是唯有從中找出他們否定的原因，坦然面對、積極修補，自己才有進步的考能性。

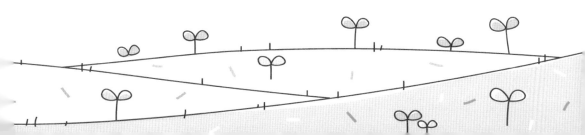

凡事多替別人想一想

記得與人交往時,多從對方的角度看事情,多了這一份體貼心,將能贏得更多人的好感與信任。

激勵作家約瑟夫‧紐頓曾經寫道:「化解矛盾的最有效方法就是幽默。只要適時運用幽默的方法,就能避免彼此爭論、對立,而且可以使對方瞬間恍然大悟,理解自己犯下的錯誤。」

幽默的語言是化解自己和別人衝突的最佳應變智慧,懂得運用幽默的方法表達自己想法,不僅可以替自己解圍,同時也會適時改變對方的想法。

賈這天買了三斤豬肉回家,請妻子要好好烹調,旋即轉身出門去。就在賈回家吃飯前,許久未嚐鮮肉美味的太太,竟然邊做菜邊將肉給吃光了。

午飯前,賈按時回到家中,並滿心期待著妻子將豬肉料理拿出來。未料,妻子卻對他說:「其實,事情是這樣的,那塊肉被貓吃光了。」

「被貓吃了?」

賈回頭看著安靜臥在地上的貓,狐疑地走了過去,然後將

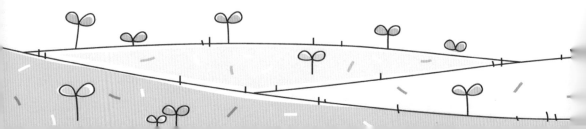

貓抱起來，放到磅秤上秤重。

「咦？正好三斤，不對呀，如果那三斤肉全變成了貓，那原來的貓跑到哪兒去了呢？又假如這三斤是貓，那塊豬肉又跑到哪兒去了呢？」

賈斜睨著說謊的妻子，卻見她滿臉尷尬地笑著。

要戳破謊言，其實不必太繁瑣的計算，也不必多仔細的追根究底。賈沒有大聲斥責老婆，而是聰明地借用「貓的重量」找出真相，結果似乎比怒目相向來得有效。

轉念一想，吃都吃了，怒火再旺也無濟於事，徒然讓自己肝火高燒，造成夫妻吵架還算事小，萬一不小心拖累了身體，那可一點兒也划不來呀！

聰明的賈當然知道這個道理，所以利用貓暗中告訴老婆：「我知道肉是被妳吃了，妳定然知道肉的美味，我願意體諒妳的情不自禁，不戳破妳的謊言，但請以後在品嚐美味時，別忘了妳老公呀！」

知道賈真正想告訴老婆的話了嗎？

很簡單，那就是：「在做任何事前，別忘了替別人想一想！」

夫妻相處之道如此，與人相處更應該如此。當別人相信你，把心中祕密與你分享時，都是怎麼看待的？

有個朋友神祕兮兮地問霍加：「你知道我們城裡誰最能保守祕密嗎？」

霍加笑著說：「我只知道，別人的心靈並不是我的穀倉，

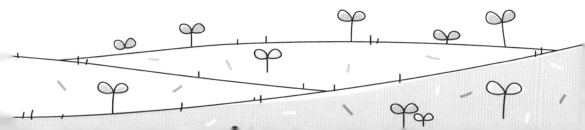

所以一直到現在,我還沒有向誰揭開過自己心中的秘密。」

　　別人傾訴心中私密的困擾,也大方和我們分享生活中的隱私,本意只是想找個信得過的人分憂解勞,我們又怎能把他們的隱私當娛樂話題,和其他無關緊要的人大談這些是非呢?

　　資訊傳播發達的時代,訊息傳播之快超乎你我的想像,人們對於是非八卦的偏好,也漸往毀人聲譽的方向發展,很多時候因為一個輕忽不在意,隨口一句話就害得人放棄生命,犯下了無可彌補的過錯。

　　因此,做任何事前,請多替人想一想!

　　我們應該時時從別人的立場設身處地想一想,想著感受相同的傷害,與被揭隱私後的傷痛,相信不難感受到其中的難堪與痛苦。

　　感受到其中辛苦後,記得與人交往時,多從對方的角度看事情,多了這一份體貼心,將能贏得更多人的好感與信任。

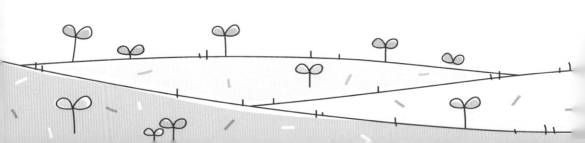

用機智解決問題，生活才會順利

想時時順利，就得用心思考生活中的每一步，認真培養臨危不亂的膽識，也努力養成見機行事的機智。

你是個有小聰明的人嗎？你自覺有顆聰明的腦袋瓜嗎？

那麼，對於老天爺特別賜予你的聰明智慧，你是否懂得好好利用？還是老用小聰明到處製造問題？

聰明的人懂得運用機智解決問題，至於僅有小聰明的人，遇到不如己意的事情，就會原形畢露，滿嘴粗話。

其實，想讓對方改變想法，不一定要暴跳如雷，破口大罵。如果能用幽默的方法表達自己的看法，對方的體悟必定更加深刻。只要能保持幽默的心情，再機車的人，再棘手的事情，也可以輕輕鬆鬆搞定。

有一個工匠受命為國王打造一副盔甲，盔甲完成後，國王便命人將盔甲穿在木偶身上，然後，還親自檢驗它是否堅固，能不能護住身體。

只見國王朝著盔甲猛刺一劍，旋即便見盔甲上出現了一道很深的裂痕。國王一看到這個裂痕，大怒道：「這什麼東西？

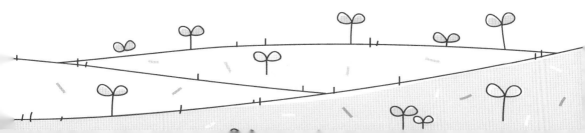

能保護我嗎？你回去再做一副更好的盔甲來，要用心啊！要是新盔甲同樣不堪一擊的話，你的腦袋就不保了。」

工匠一聽，嚇得渾身發抖，轉念想到了仁慈的宰相比爾巴。

「大人，請您一定要救救我啊！」工匠哀求道。

比爾巴了解情況後，也認真地幫他想出了一個對策。

沒隔幾天，工匠送來第二副盔甲，但卻請求讓自己穿上盔甲進行檢驗，國王答應了，並派了一個最機靈的士兵出場試驗盔甲。

然而，當士兵舉劍準備刺向工匠時，工匠卻突然大叫一聲，朝著士兵猛然撲過去。

這士兵被工匠突如其來的舉動嚇到了，結果他的劍還沒刺出去，就已被驚嚇得退了好幾步。

國王斥問工匠：「你在幹什麼？為什麼要這樣做？」

工匠回答說：「國王陛下，我的盔甲可不是做給木偶穿的啊！試想，當敵人猛刺過來時，穿盔甲的人必定會反抗，不是嗎？這樣一來，盔甲並不會那麼輕易被擊破呀！」

國王聽了工匠的話，點了點頭，但旋即一想，工匠不可能會有這樣的機智巧思，便追問這個回答怎麼來的。

工匠只得老實對國王說：「是比爾巴教我的。」

「果然如此。」國王印證了自己的推測，笑著點了點頭。

擁有比爾巴這種臣子的國王看來是全天下最幸福的君主了，能有如此聰明的人輔佐朝政，國政自然清明，人民也能更安心居於天子腳下。

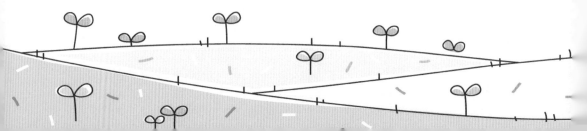

從宮廷走出來，我們處世時不也應該培養這樣的智慧？

第一步要能了解人性與人心，我們才能像比爾巴一樣，能在非常時候審時度勢，為人解題。第二步便是要有公正與仁愛之心，這不僅能獲得人們的支持與信任，最重要的是，能得到對手的信服。

聰明的腦袋不是用來製造問題，而是用來解決問題的，處世首要是求人和，而非與人相爭。

生活要能平順無憂，我們得時時告訴自己：「處事一定要冷靜思考，理性處理。」

在人生路上，沒有人不想時時皆順利。想順利，就得用心思考生活中的每一步，認真培養臨危不亂的膽識，也努力養成見機行事的機智。

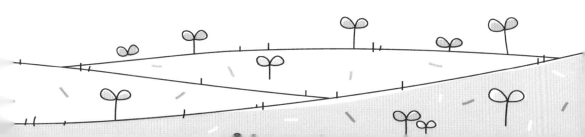

把握住自己才能解決難題

 所謂的智慧巧思其實一點也不複雜，只不過是從最簡單的角度去思考問題，也從我們早忘了的單純角度去尋找答案。

霍加去世前不久，請了不少朋友們到家中，並向他們說出自己的遺願：「我死了之後，麻煩你們將我的頭朝下安葬吧！」

「為何要這樣？」朋友不解地問。

「因為，當世界末日到來時，一切都會是底朝天而地翻過來的情況，到時我就會是直直站立的狀態呀！」霍加說。

經常瞻前顧後的霍加確實與眾不同，連死後該怎麼安葬也有一套獨特而有趣的想法。

確實，很少有人會想到死後的變化，只是，就算這大地真有一天翻覆，也早做了預防，但還是會有出乎意料的情況發生，那智慧大師的幽默遺言豈不是一點意義也沒有？

當然不是了，坦然面對死亡的霍加，其實仍然盼望著能掌握自己的未來呀！這個要求倒立安葬的遺言，其實還告訴人們：「世界上雖有許多無法預期的事，而未來變化也很難掌控，但

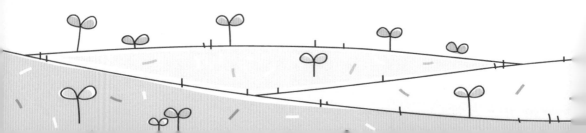

無論如何，請好好把握住自己，因為無論這個世界怎麼變化，只要能把握住你自己，事情總能如你所願的。」

聽著霍加的隱喻，你得到了怎樣的啟發？

靜心想想，然後再聽一則霍加生前的小軼事。

有次，霍加剛從外地回到自己的家鄉，在熟悉的街道上，帶著饑餓的肚子到處逛。霍加不自覺地摸了摸口袋，但口袋裡早就空無一物，根本無法掏出幾個零錢買東西裹腹。

就這樣，霍加在市集上轉來轉去，忽然聞到一陣麵包香，那是從不遠處的一間麵包店裡散播出來的香氣。那時正是麵包出爐的時間，霍加快步走進麵包店前，正巧看見老闆剛從爐子裡取出還冒著熱氣的麵包！

令人著迷的香味直撲霍加的臉鼻，他忍不住對著坐在角落裡的麵包師傅說：「老師傅，請問這是您的麵包嗎？」

麵包師傅點了點頭說：「是我的！」

霍加趕忙追問：「親愛的老師傅，您是說，這些麵包統統是你的嗎？」

麵包師傅被問得有些不耐煩，口氣不佳地說：「是，你怎麼囉嗦個沒完啊？是的，這些全部都是我的啦！」

只見霍加臉上堆滿了殷勤笑臉，說道：「可是，這麼多麵包您為什麼要用看的呢？我們快吃了它，不然冷了可就不好吃囉！」

想要引導或改變對方的想法，就要用幽默的方法。霍加在這則故事中，再次展現了他的聰明才智和積極把握的企圖心。

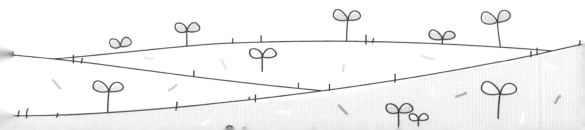

他沒有像一般人一樣苦苦哀求對方施捨,而是冷靜地牽引著麵包師傅走進他的談話遊戲中。

仔細想想,這些麵包原本是要用賣的,卻被霍加悄悄模糊成「純粹是師傅的」,然後積極地提醒師傅「麵包出爐了本該趁熱吃,而不是看著」,這帶點淘氣的歪理催促,這老師傅大概會被他的苦心設計逗弄得哈哈大笑,最後還送給他一個熱騰騰的麵包吧!

所謂的智慧巧思其實一點也不複雜,只不過是從最簡單的角度去思考問題,也從單純角度去尋找答案,然後便能輕輕鬆鬆地用幽默的方式表達自己的想法。所以,下一次別再把事情想得那樣複雜,在面對紛紛擾擾的世事時,不要隨之起舞,把握住自己,就不會迷失前進的方向,並能輕鬆解決問題。

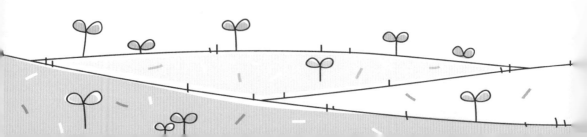

PART

用幽默的智慧替自己解圍

不必大剌剌地批評，
無須用嚴苛的言詞來反駁，
很多時候只需輕輕點出對方的小缺漏，
我們就能為自己扳回一城。

相互尊重才是最好的互動

不願給人基本的尊重, 別人當然也不會替你著想, 人與人之間是互相的, 你得不到某人的尊重, 想必你也不願尊重對方。

在這個八卦風盛行的時代, 許多人偏好的是新聞事件本身的娛樂性而非正確性; 聽聞意外, 許多人思考的不是以後怎麼避免, 而是盼望著視覺上的刺激感! 萬一你不幸成為八卦事件的主角, 該如何回應那些繪聲繪影的傳言呢?

一九二○年, 羅素到中國旅行時, 可能是因水土不服, 一到中國後就生了一場重病。

養病期間, 羅素拒絕所有媒體的採訪, 沒想到這個拒絕動作竟引起了記者們的不滿, 其中甚至有某國的特派記者, 竟然因此謊報羅素已經去世的消息。

後來, 羅素請人交涉溝通, 要求該報社人員更正消息並登報道歉, 但是卻被對方拒絕了。

羅素身體狀況一好轉便起程回國, 在返國途中, 正巧取道刊載假消息的報社所在的國家。這對該國媒體來說, 當然是個十分難得的機會, 各家媒體自然不會錯過這個親近大師的機

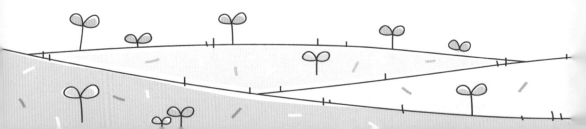

會，個個使出渾身解數，積極與羅素連絡，希望羅素能給他們
採訪機會。

　　但是，羅素對於該國報社處理事情的態度非常不滿，於是
請秘書發送一份他的親筆回函給那群想採訪他的記者們，上面
是這麼寫的：「因為羅素先生已死，所以無法接受採訪。」

　　先不論羅素的回應，我們不妨先從媒體的反應來思考，記
者們因為得不到新聞便胡亂編造甚至惡意中傷的動作，實在有
損傳播媒體的專業形象與職業道德；再從「人」的角度來探討，
他們連最基本對人的尊重都做不到了，又如何能得到人們的信
賴與肯定？

　　也因此，當羅素順著報社的「希望」，親自宣佈自己「死
亡」之時，想必心裡感到非常暢快吧！

　　尊重才是最好的互動！不願給人基本的尊重，別人當然也
不會替你著想，人與人之間是互相的，你得不到某人的尊重，
想必也不願尊重對方，不是嗎？

　　哲學家們的思考角度，常常讓人深思不已，羅素這個看似
報復的小動作，無疑是要給對方一個自省的機會。

　　日常生活中，我們難免會遇到相似的情況，當人們給予我
們的回應滿是不悅或厭惡時，請先想一想，是否我們也曾給人
相同的對待呢？

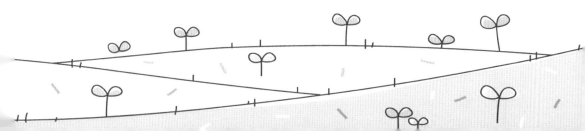

保持冷靜,才能走出困境

無論遭遇多麼頑固的對手,只要懂用幽默的方法說出自己的看法,自然能改變對方的想法,並在看似毫無出路的處境中另闢蹊徑。

不知道為什麼,自從前幾天一大早遇見比爾巴以後,國王就感覺不大對勁,不僅夜夜失眠,每天的菜色不管怎麼更改始終都不對胃。

「這一定是比爾巴的問題,不行,再這麼下去我肯定完蛋!」此刻的國王對比爾巴極不滿意,結果竟下令要處死爾巴。

然而,比爾巴一直以來都非常維護百姓利益,在境內,不管是穆斯林還是印度教徒都非常擁戴他。

因而,當人們聽說國王將處死比爾巴時,全國百姓都湧到王宮前,請求國王赦免他。

「不行!比爾巴的臉上有不祥之兆,我一定要處死他!」

行刑前,國王再次向群眾說明事由。就在這個時候,比爾巴接著說:「朋友們,那天清晨,國王因為見到我的臉而寢食難安,但今天清晨,我見到國王的臉卻要被絞死,請大家認真想一想,到底是誰的臉上有不祥之兆呢?」

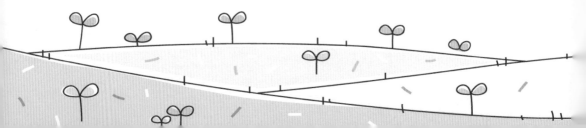

「是國王，是國王！」群眾聽完比爾巴的話後，跟著便大聲地鼓噪起來。

「嗯，我因為清晨看見國王的臉便要被絞死，這麼說來，凡是清晨見到他的人豈不都要被絞死？就像你、妳，還有你！」比爾巴指著前方的群眾說。

吶喊聲越來越響亮，國王轉念一想，深怕自己落得罵名，連忙命人將比爾巴釋放，並送他不少財寶做為補償，用以肯定他過人的智慧。

在集權統治的古老年代，人們常說伴君如伴虎，那些跟在君王身邊的人們，常常沒來由地消失或受刑罰，被加上莫須有的罪名也十分平常。

因而大臣們在面對喜怒無常的君主時，除了要比平常人更具勇氣外，還要積極培養自己的膽識、機智，一旦危險降臨，要能臨機應變，不但要讓自己化險為夷，更要替人解危。

某一天，國王又發怒了，無緣原無故地下令要絞死一名老婆羅門，大臣們雖然個個感到吃驚，但面對充滿怒氣的國王，個個都束手無策。

直到行刑前，比爾巴再度挺身而出，但國王沒等他開口，便質問他：「比爾巴，你要替他辯護嗎？」

比爾巴搖搖頭，說道：「不是，國王陛下，您說錯了，我是支持您的決定，不過……」

「不過什麼？」國王追問道。

只見比爾巴竟笑著說：「陛下，我是想向您建議，您一定

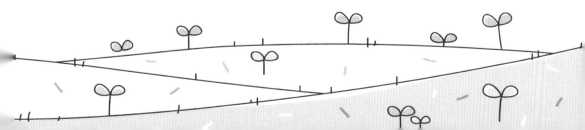

要將這個老頭子處死，還有，您一定要用比絞刑更嚴酷殘忍的刑罰才行，這樣才能嚴懲這個冒犯您的老頭子！」

聽見比爾巴這麼說，國王先是一愣，旋即便想到比爾巴又在嘲諷他了，最終只得將這名老婆羅門釋放，因為該國最重的刑罰只有絞刑。

聽出比爾巴的嘲諷嗎？想必聰明的你也已經聽出來了。事事都與國王站在相反立場的比爾巴，難得與國王站在同一條戰線上，最後用幽默的方法改變了國王的做法。

同理，無論你此刻正困陷在什麼樣的難題中，請先安撫你的情緒，並像比爾巴一樣冷靜地思考、分析問題，找出真正有效的解決辦法。

真正的智者知道怎麼面對眼前困境，更知道怎麼解決問題。

因為無論遭遇多麼頑固的對手，只要懂用幽默的方法說出自己的看法，自然能改變對方的想法，並在看似毫無出路的處境中另闢蹊徑。

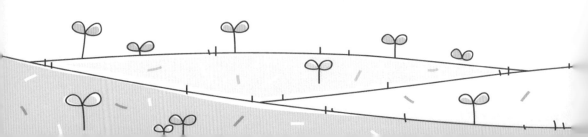

用幽默的智慧替自己解圍

不必大刺刺地批評，無須用嚴苛的言詞來反
駁，很多時候只需輕輕點出對方的小缺漏，
我們就能為自己扳回一城。

人與人之間難免會有意見相左的時候，在這個時候，你會
怎麼與人溝通？是加足火力相抗？還是用幽默的方法表達自己
的看法？

許多性情急躁的人在面對他人批評或與人意見不同時，常
會忍不住以嚴詞相對，但事實上，這種砲火猛烈的攻擊卻時常
比不上幾句話的四兩撥千斤。

某天，一位友人前來拜訪內勒，在客廳看見一幅內勒夫人
的全身畫像。

友人仔細欣賞作品後，說道：「嗯，可惜畫像底部有一些
爪痕，真是大大地破壞了作品的完美！」

內勒一聽，笑著說：「的確，不過我實在沒有辦法避免這
件事，因為那是我妻子飼養的一隻小狗的傑作，那隻狗經常會
用爪子抓住畫像的裙子，撒嬌著要主人抱一抱牠。」

「喔！原來如此。」客人明白地點了點頭。

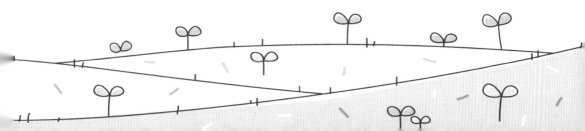

　　這時，客人忽然想起一件事：「咦，聽說佐克西斯也曾發生這樣的事。佐克西斯有一回在一幅小男孩的畫像頭上，畫了許多栩栩如生的葡萄，由於葡萄十分逼真，以致於鳥兒們都飛來啄食呢！」

　　內勒還是笑著說：「是嗎？那要是他把孩子也畫得與葡萄一樣逼真，小鳥們就不敢來啄葡萄了！」

　　聽見朋友批評畫作上的爪痕缺陷，內勒一點也不覺得尷尬，反而驕傲地向對方解釋作品的逼真；接著，當朋友提出別人也有這樣「逼真」的作品時，內勒也聽出了對方有意較量。不過，內勒並沒有讓對方得逞，反倒從友人的話中找到那幅作品的缺漏，一句「如果男孩也逼真」的話，機智地穩固了自己在人物畫的創作天分與地位。

　　想像著小狗在夫人畫像前熱情擺尾，並著急地要與畫中人互動時，未曾見過那幅作品的你，是不是也想像得到畫中人物的真實感？然後，再想像另一幅被鳥兒啄得坑坑洞洞的佐克西斯作品，對照著內勒的結論，是否也讓你忍不住會心一笑？

　　幫自己解圍的最好方法正是如此，人與人之間的交流原本就有許多過招的機會，究其原因並不是人人都好與人為敵，只不過是有些人就喜歡與人抬槓罷了，喜歡用這樣的方式來佔別人便宜，或是遮掩自己的缺失。

　　遇到這一類的人，我們便得學會用自己的智慧與修養來化解，不必大剌剌地批評，也無須用嚴苛的言詞來反駁，很多時候只需輕輕點出對方的小缺漏，就能為自己扳回一城的。

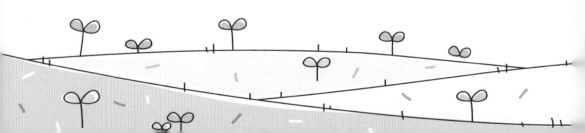

用幽默的方法對付「奧咖」

當你遇到「奧咖」，忍不住想要出口成「髒」
時，不妨懸崖勒馬，改用詼諧的方式表達。

有一天，佩庫陪國王一起出外打獵，但一整個下午他們只狩獵到兩隻鴨子。國王看著鴨子，然後笑著說：「我晚上請你吃鴨肉吧！」

雖然國王這麼說，但是在晚餐前，卻這麼吩咐女僕：「今晚妳們給佩庫一碗蘿蔔就好，別放鴨肉。」

晚餐時，女僕果真只給佩庫一碗蘿蔔，碗內甚至連一丁點肉屑都看不見，但佩庫似乎一點也沒感覺，每吃一口就會說一次：「這鴨肉真香！」

第二天一早，佩庫很開心地對國王說：「陛下，我知道有個地方的鴨子非常多，我看一枝箭大概能射中十隻左右吧！」

國王一聽，連忙問：「在哪裡？快帶我去！」

隨即，國王興沖沖地跟著佩庫前往。

然而一到現場，看見的卻是一大片蘿蔔田。國王不解地問：「鴨子在哪裡？你不是說有成群的鴨子嗎？」

佩庫說：「陛下，您昨晚請我吃的鴨肉不就是這個嗎？」

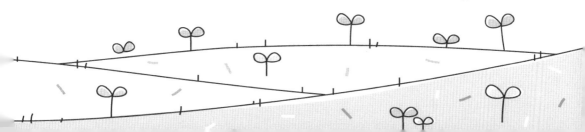

有心捉弄佩庫的國王,大概沒有料到最後竟反被佩庫嘲弄了。當然,這不過是單純的玩笑,彼此可以一笑置之,但若是別有居心地計較,恐怕就會令人非常不愉快了。

遇到這種老想佔人便宜的「奧咖」,你會如何表達自己的真實想法?

話說有位貴婦邀請一位小提琴手到她家作客,表面上說是請人吃飯,事實上只是想請樂手來場免費的演奏。

「親愛的音樂大師,到時候您可以用我家各種事物想一首代表曲子嗎?例如,當您看見床時可以用〈搖籃曲〉,來到浴室時,我想來道巴赫的〈加沃特舞曲〉應該挺合適的;至於呈上食物時,來一首〈詩人與農夫〉應該挺不錯的,還有……」婦人技巧地向樂手提出種種要求。

宴會當天,小提琴手因為答應了貴婦的要求,因而從一進門便開始就為各式各樣的人、事、物演奏主題歌曲,幾乎沒有停歇。

經過長時間的演奏,小提琴手已經累得精疲力盡了,就在他剛演奏完這頓飯局的主題歌後,服務生呈上一杯表示感謝的熱咖啡,貴婦微笑地說:「非常感謝您!」

提琴手點了點頭,再度演奏了一曲德沃夏克的〈幽默曲〉;然而當他即將演奏到最甜美的那一音節時,琴聲忽然戛然而止。

貴婦立即板起了面孔,不高興地問:「你怎麼停在這麼重要的地方啊?」

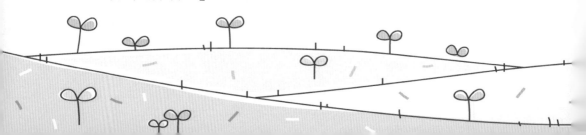

　　小提琴手說：「夫人，那是因為咖啡不甜！」

　　為了滿足貴婦的請託，小提琴手辛苦地構思、演奏婦人想要的樂曲，一路表演下來，小提琴手在最後也表達了他的心情。

　　咖啡不甜應是藉口，小提琴家停下音樂，是代表這是個「美中不足」的宴會。因為，對小提琴家來說，貴婦的感謝是帶有算計與企圖的，「貪圖」這兩字便可以完全否定她的邀請誠意。

　　再多笑容也隱藏不了骨子裡的虛偽做作；不想誠心待人的人，當然也很難得到別人真心相對。

　　當你遇到這種「奧咖」，忍不住想要出口成「髒」時，不妨懸崖勒馬，改用詼諧的方式表達。

　　因為，脫口罵出一長串髒話，對心情和事情其實都沒有太大幫助，反而還會讓對方懷恨在心。相對的，用幽默心情面對週遭那些惱人的事情，不僅能讓自己保持輕鬆愉快，更可以保持和諧的人際關係。

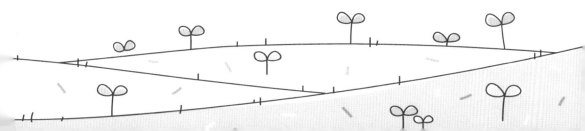

生活的趣味，來自幽默的應對

 當你和朋友交流時，別忘了多一點想像，多
用一點巧思，慢慢地你就能幽默風趣，成為
一位人見人愛的生活藝術家！

歐內斯廷・舒曼是德國著名的女低音，是華格納歌劇最為
優異的詮釋者。

長得胖嘟嘟的舒曼，胃口非常好，不僅食量大，而且還懂
得品嚐美食，因而人們給了她一個「美食專家」的封號。

某一天，大胃王恩理科・卡魯索走進一家飯店時，看見舒
曼也在餐廳裡用餐，正準備大口咬下桌上一塊大牛排。於是恩
理科・卡魯索來到她身邊，對她說：「舒曼，妳一定不會『單
獨』將這塊牛排吃了吧？」

「你真是聰明，我當然不會就這麼『單獨』吃囉！」舒曼
說完，便輕輕地咬了一口牛排。

聽見舒曼這麼說，卡魯索認為她願意與他分享呢！只見他
拉開了舒曼身邊的椅子準備坐下，但還沒等他坐下來，舒曼吞
下那一小口牛肉後，卻這麼說：「『單獨』吃多沒意思啊！我
還要和著馬鈴薯一塊兒吃才夠味。」

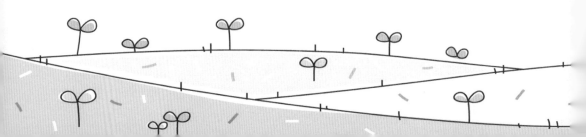

很有意思吧！舒曼的一個小停頓，不僅誘引了卡魯索的食慾，還為自己帶來了用餐的趣味。

其實，生活本身就是一種藝術，想完成這個藝術品，便得看我們怎麼過生活。回到故事中，無論從舒曼的角度來看，還是從卡魯索的立場來看，因為「單獨」這個字詞的幽默運用，讓我們看見生活的趣味性。

美術館中，有個男子站在一幅油畫前觀賞，但過一會兒，卻見他在這幅畫作前方的平台上坐了下來，還忍不住大聲讚美：「啊！這真是天才之作。」

男子邊讚嘆，邊對站在他身邊的一位男士說：「我真希望能將這些不平凡的色彩全帶回家。」

這位男士答道：「先生，您將如願以償！」

「真的嗎？」男子滿臉驚喜地問。

其實這名男子正是這幅畫的作者，所以他回答說：「是的，因為您正坐在我的調色盤上。」

在以上兩則小故事中，其實都只用了一點點巧思妙語，便讓生活滿是漂亮的色彩，而你我的生活中，最欠缺的不正是像這樣的趣味巧思嗎？

現在，你是不是很羨慕他們的生活趣味呢？那麼，當你和朋友交流時，別忘了多一點想像，多用一點巧思，慢慢地你就能和他們一樣幽默風趣，成為一位人見人愛的生活藝術家！

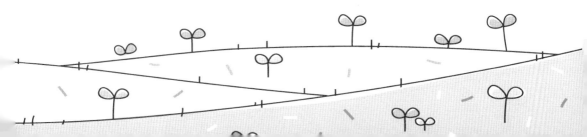

試著從幽默的角度切入

　與人交流的時候，不論你認不認同對方的說法，都應該跟著對方的思維想一想，再繞到另一個角度來看事情。

　　德國哲學家尼采因為對女性充滿仇視，因而一生都不願與女人接觸，他曾經提出這樣一個想法：「男人應該接受戰爭訓練，女人則應該接受這些戰士們的訓練。」

　　此外，他還提出這麼一個說法：「你準備到女人那裡嗎？別忘了帶著你的鞭子！」

　　不過，如此極端的想法自然有人要提出反駁了。

　　當時對尼采十分感冒的英國著名哲學家羅素，便對尼采的哲學思想十分不滿，還曾公開挖苦他說：「十個女人之中，至少有九個女人會讓他把鞭子丟掉，正因為他明白這一點，所以才急著避開女人。」

　　想想兩個著名的哲學家為了「女人」爭執不下的情況，你是否不覺莞爾？

　　當羅素從另一個幽默角度切入，與其說是挖苦尼采，不如說是有意要為尼采爭取同情的，就羅素的角度來看，也許尼采

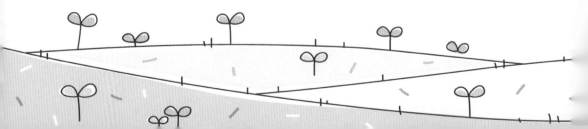

一生不願碰觸女人，是有著什麼樣不為人知的苦楚吧！

　　他嘲諷尼采，正是因為逃不開女人，所以對女人充滿恐懼與厭惡之心，在這個幽默風趣的嘲諷中，反而沖淡了尼采那偏激又可怖形象，不是嗎？

　　有一天羅素在花園深思時，有朋友們來訪，一走進門，便看見羅素正雙眼凝視著屋外的花園，似乎正陷入沈思之中。

　　一位朋友忍不住好奇地問他：「你在想什麼？」

　　羅素這麼回答：「每當我和任何一位科學家談話之後，我會肯定自己此生已經沒有幸福和希望了；但是，每當我和我的花園談天之後，我卻深信人生充滿了陽光與希望。」

　　說到最後一個字時，羅素的眼底似乎也閃著光芒。

　　羅素用幽默的語言諷刺科學家，他沒有尼采的固執偏頗，不會凡事總往極端想，因而能擁有更寬廣的生活視野，並找到樂觀的人生方向。

　　與人交流的時候，不論你認不認同對方的說法，都應該跟著對方的思維想一想，再繞到另一個角度來看事情。無論是認同還是鄙視，羅素只想提醒我們：「聽人言論，不該一味地吸收接受，我們要有自己的想法，要能獨立的思考，如此才能做出最公正且客觀的評論。」

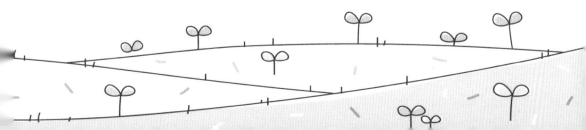

耍點花招就能有效行銷

 只要多一點幽默風趣，同時以誠懇用心的態度經營，即使行銷宣傳只用一點小技巧，也能得到顧客長久的支持。

在這個「不行銷就死亡」的年代，很多企業和個人整天都絞盡腦汁，盤算著要使用什麼花招進行行銷。

其實，只要你懂得用幽默的元素包裝自己的意圖，就能夠有效地獲得消費者的熱烈支持。

一九三七年，現代藝術博館在美國首次舉辦梵谷的畫展。喜歡用花招來吸引觀眾目光的藝術家休·特洛伊，認為梵谷的繪畫作品很難吸引成千上萬的人來觀賞，因而尋思著：「如果能想出一個危言聳聽的宣傳花招，像是畫家私生活之類的內容，應該能吸引大量的民眾進場。」

於是，特洛伊將牛肉剁碎，將它做成一隻人的耳朵，然後擺放在一只精緻的天鵝絨盒子中，送到展覽館陳列，盒子下面還貼了一則註解：「一八八八年十二月二十四日，梵谷割下了這隻耳朵送給他的情婦——一個法國妓女。」

果然如特洛伊所預料的，盒子一陳列後，立即吸引了大批

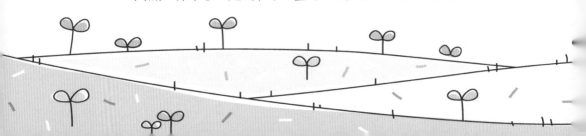

觀眾進場，他們幾乎全為了「梵谷為一個法國妓女割下的耳朵」而來。

換個角度想，如果特洛伊當初只用「梵谷的耳朵」為題，沒有加料注釋，進場的人數恐怕就不如預期了，那麼到底是什麼原因讓人們接踵而來呢？答案正是特洛伊提出的：「私生活與危言聳聽！」

從行銷學的角度來探討，為了吸引群眾的目光，或是挑起觀眾的好奇心，企劃人員當然必須想出一個能激越人心的好主題，想出一個最能吸引人們目光的目標，甚至引人迷失其中。

就商人的角度來說，這當然是增加產值的好方法，但就道德的角度來說，一味探人隱私的好奇心，很容易讓人失去善良的本性。為了滿足心底的好奇，為了誘引消費，雙方的口味都會越來越重！

要避免以上的情況，就得在加重口味的同時，添入一點幽默。關於這一點，交響樂之父海頓便發揮得十分精采。

每次海頓在擔任指揮時，有許多故作風雅的貴族都會前往聆聽，問題是他們一個個都不懂音樂，因而從台上往下看，常常看見點頭打瞌睡的動作。

海頓發現這個情況後，便特別創作出一曲「驚愕交響樂」。這首交響樂曲開始時，旋律十分柔和，似乎是有意催貴族們入睡，當輕柔的旋律在音樂廳中繚繞後，台下的觀眾很快就出現了「點頭」的動作。

但是，演奏來到某一章節時，輕柔的音樂突然轉為強烈，

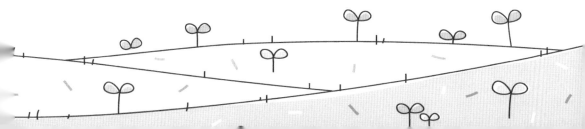

同時還伴著大炮式的鼓聲：「咚！咚！咚！」

那一陣又急又響的鼓聲，頓時將睡夢中的貴族們全嚇醒了，只見他們一個個張大了嘴巴，目瞪口呆地看著台上的指揮，只不過，在他們打起精神要好好聆聽時，卻已是準備起身鼓掌的時候了。

由海頓的例子可知，吸引觀眾要有點技巧，看似有意要貴族們難堪的樂章，其實是用幽默的方式，讓他們明白表演者的苦心。

回顧特洛依加料的宣傳花招，或者他最終的目標其實也是想讓群眾掏錢買票，進場欣賞更多梵谷的作品，那麼我們不也可以這麼說：在收益與商業道德之間，其實並不難取得平衡，只要多一點幽默風趣，同時以誠懇用心的態度經營，即使行銷宣傳時只用一點點小技巧，也能得到顧客們長久的支持。

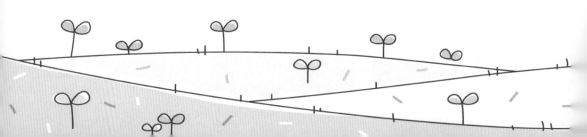

用幽默的方法，說找出最佳解答

 只要發揮「同理心」，順著對方心中的盼望
解題，也順著人們希望的角度構思，我們自
然能得出一個圓滿的完美結局。

面對別人的反對、質疑或批評，與其激烈爭辯得面紅耳赤，
不如選擇輕鬆因應，用幽默的方法表達自己的看法，唯有如此，
才能使對方打從內心改變那些錯誤的想法。

有一次，波斯國王邀請有名的智者比爾巴到該國訪問，見
面時問比爾巴：「你知道世上還有哪一位國王像我一樣，能如
此照顧人民的利益，並那麼為人民維護公義的嗎？」

比爾巴微笑說：「沒有，您的光芒就像月圓時般飽滿殷
實，世上沒有能和您相比的人了。」

波斯王開心地笑著，接著又追問：「那若是和阿克巴國王
相比呢？」

比爾巴說：「他只像初二、初三的月亮。」

波斯王聽完後非常開心，比爾巴告別時，他還送了不少財
物和布匹給比爾巴，但風光返國的比爾巴，緊接著卻面臨了另
一個危機。

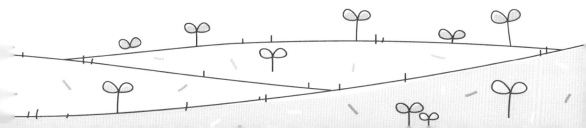

原來，比爾巴對波斯王說的話已傳到阿克巴國王耳裡。國王身邊不乏反對比爾巴的人，竭盡所能地煽動著國王要嚴懲比爾巴。

比爾巴回國時，國王怒氣沖沖地召他至宮殿質問此事，卻見比爾巴謙恭且面帶笑容地說：「我最敬愛的國王陛下，如您所知，新月會一天一天圓滿，那象徵你的事業將不斷地發展苗壯。至於十五之月卻是逐日縮小，那象徵波斯國王會日益耗損直至消失在黑暗之中啊！聰明如您，應該知道我到底是在讚頌誰！不是嗎？」

國王聽了，開心地點了點頭。

機智的比爾巴不僅沒讓人抓到把柄，還讓原來的「失言」變成「美言」。

比爾巴原本的話裡雖然有缺漏，但他並未讓人有機會利用這點對付他，而是用他的智慧填補這個缺。

至於生活在這人事複雜社會中的你我，在思考該怎麼解決不小心說出口的錯話時，不妨再仔細思考比爾巴的機智與冷靜。

失言風波或許難平，卻不代表永遠無法補救，一如比爾巴換個角度的說法，又如下面故事中霍加的臨機應變。

據傳，國君因為老婆出軌，從此便對女人懷恨在心，並堅決保持單身。

但這個結果卻讓國王從此變了性情，連審核入閣人才的方法也有所改變，舉凡地方學者和學識淵博的人到來，他都會附在他們耳邊問幾句話，一旦不能說出符合他心意或無法除去他

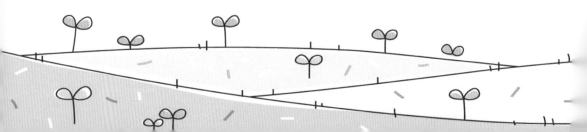

心中苦惱的答案，他便下令將這人處死。

這天，國君請來霍加，一樣也在霍加耳邊輕聲問：「你結婚了嗎？」

霍加回答：「我活了這麼一大把年紀，怎麼還會是單身漢呢？」

「什麼！原來你和所有人一樣，來人呀，把他拖下去斬了！」國王忽然大聲怒吼道。

霍加一聽，當下明白事情的嚴重性，只見他立即裝了一張苦瓜臉說：「國王陛下，等一等，您是不是應該先弄清楚一件事呢？唉，事情是這樣，我曾經犯了一個嚴重的錯誤，那就是我結婚了。婚姻真是一個深淵，只有掉進去的人才知道它的深度，不過，有句俗話是這麼說：『我們絕不能砍了使人從馬背上滑下來的那匹馬的頭！』」

沒想到霍加這個機智的回答，竟解開了國君心中的怨恨，從此他再也不惡意找人宣洩情緒了。

明白霍加的意思嗎？

這是指任誰都會遇到意外，單身或結婚並不是重點。換言之，沒有人應該為這過往的是非而困住自己。

遇到難關，必須有機智表現。霍加與比爾巴一樣都是非常聰明的人，能將原來說出口的話逆轉，轉成另一種解釋，為自己解除麻煩和危機。

其實，他們用的不過是「順心」的技巧罷了。只要順著對方心中的盼望解答，自然能令對方滿意。

人生中常會有些莫名其妙的意外災難或誤解，無論如何，

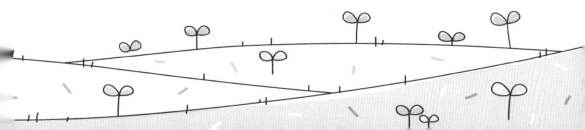

只要能冷靜面對這些問題，自然能看見解決的方法，並得到生活的解脫。

看完兩位智者的答案，你是否也從中得到方向了？

人與人之間並不需要用艱澀難懂的心理論述解釋，更不需要用複雜彎曲的思考推想，只要發揮「同理心」，順著對方心中的盼望解題，也順著人們希望的角度構思，我們自然能得出一個圓滿的完美結局。

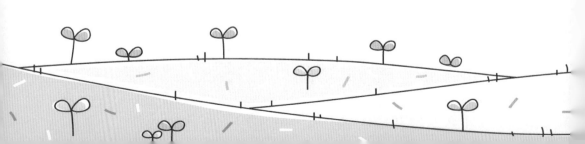

PART 9
用幽默輕鬆溝通

和別人進行溝通時，不去惡意傷人，

待人也絕不輕忽怠慢，

自然能固守住我們的堅持，

也能顧全我們不願傷害他人的心意。

用幽默輕鬆溝通

 和別人進行溝通時，不去惡意傷人，待人也
絕不輕忽怠慢，自然能固守住我們的堅持，
也能顧全我們不願傷害他人的心意。

作家拉布曾說：「幽默是話不投機的救生圈。」

在這個紛紛擾擾的時代，人與人之間充滿著爭執、衝突、競爭、交戰，許多無謂的爭執衝突，都是溝通不良引起的！

機智幽默的應對方式就是彼此互動最好的潤滑劑。也就是說，當你遇到自己不感興趣的問題，不知道該跟對方說什麼，或是不想跟對方糾纏不清的時候，就越必須用極出色的幽默感與對方溝通。

某天，一名叫做荷克的慣竊犯闖入哲學家法蘭西斯・培根的家中行竊，很快就被逮捕了。依當時英國的法律，這名慣竊犯恐怕會被判處死刑。

在法院進行偵訊時，荷克對培根哀求說：「先生，看在我們關係親密的份上，請您救救我，我下次不敢再犯了！」

不過他的理由倒是很有趣，他把自己的名字「荷克」（hog，意為「豬」），與培根的名字（bacoh，意為「燻

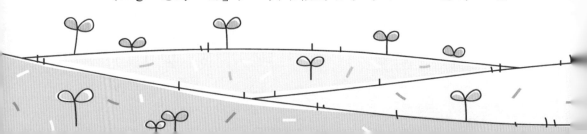

肉」）串連在一起，企圖拉近和培根之間的關係，希望能獲得他的同情。

但是，培根卻笑了笑，說道：「朋友，如果你不被吊死，我們是沒辦法成為親戚的，別忘了，豬得死了之後才能變成燻肉啊！」

這是聯想思考的趣味，這種絕妙的應答確實讓人想鼓掌叫好，培根幽默風趣的回答，想必緩和了法院裡肅殺的氣氛。

一個真正有智慧的人，不會動不動就跟別人爆發衝突，而是會用幽默的方法表達自己的想法，讓對方有更深一層的體悟。

經常替富人和名人作畫的美國人像畫家薩金特，有一天在晚宴上遇見一位十分傾慕他的女子。

「喔！薩金特先生，前兩天我看到了您最新完成的一幅畫，您知道嗎？我居然忍不住吻了畫上的人，只因為那人看起來太像您了。」女子嫵媚地擺動著身子，嬌聲對薩金特說。

畫家則笑著問：「是嗎？那他有回吻您嗎？」

女子一聽，瞪大著眼說：「什麼嘛？那怎麼可能。」

「這麼說，他一點兒也不像我了。」薩金特神情得意地說。

哈茲里特曾經寫道：「幽默詼諧是談話的調味品。」的確，幽默是人的情感的自然流露，可以直接讓對方卸下原有的心防，甚至可以像潤滑油一樣，緩和潤滑原本僵持對立的氣氛。

就像培根遇到小偷，又好像薩金特遇到癡女，有些人為了

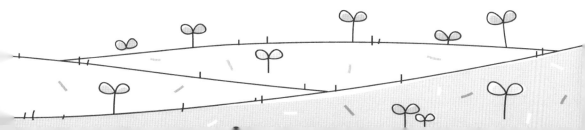

攀關係，爲了更親近對方，總會想盡辦法拉攏牽線；而爲了避免沾黏上這樣的人，有些人選擇躲藏，有些人則直斥拒絕，但結果不是成效不彰便是得罪了人。

反觀，這兩則故事中的主角，爲了撇開和對方的關係，技巧地延伸轉換，讓原本看似緊密的關係，剝開層層關連後，輕易找出兩人毫無瓜葛的證明，一句「沒有回吻」，便表達了「我們是不可能」的真實情況，另一句「豬死才能有燻肉」的幽默，更是直接點醒罪犯得坦然面對責任。

其實，現實生活中的人際溝都便要像這樣，不去惡意傷人，待人也絕不輕忽怠慢，自然能固守住我們的堅持，也能顧全我們不願傷害他人的心意。

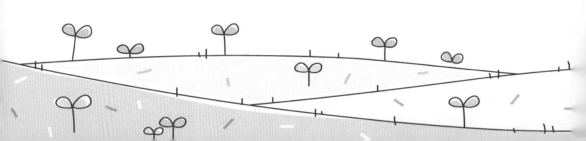

轉移問題，就能解除危機

許多問題其實都不難解決，人際間的溝通也沒有想像中那麼難，想一個人人可以接受的說詞，那些生活難題自然就會遠離我們。

古羅馬思想家塞涅卡曾經寫道：「化解人際衝突的最好良藥，就是含有幽默感成份的機智。」

遇到危機就手忙腳亂，只會突顯一個人的幼稚和弱智，懂得用幽默的方式解除危機，才是真正的聰明人。

約翰‧海沃德爵士在一五九九年出版了一本名為《亨利四世》的著名傳記小說。該書十分暢銷，只是他沒料到這本小說竟會為自己招來殺身之禍，因為當時主政的伊麗莎白女王認為：「這個作者根本是在借古諷今，書中有許多地方根本是含沙射影地抨擊我的施政。」

女王的意見一出，立即引來奉承者的附和聲，於是她立刻召來司法官員，要求他們以謀反的罪名起訴海沃德。

與此同時，已經閱讀過《亨利四世》的培根，其實十分明白作者的用心良苦，書中的期望更多於指責。

於是，培根趁著與女王面談的機會，積極說明並分析海沃

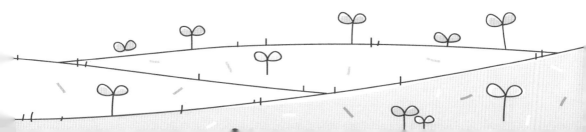

德作品裡的用心，小心翼翼地糾正著女王的偏見：「女王陛下，我不敢說書裡是否有謀反的企圖和證據，不過毫無疑問的是，這本書裡確有不少地方犯下重罪。」

「是嗎？何以見得？你快指出那些地方！」女王著急地追問。

只見培根十分認真地說：「是的，我發現他從泰西塔斯（古羅馬歷史學家）的作品中偷了好幾段論述和評論，我認為，光是這個盜用摘錄的情況，便足以讓他定罪。」

將罪責轉到他人或他處的技巧，最常被用在政治環境中，畢竟在複雜的鬥爭環境裡，即使是隨口說出的玩笑話，也有可能讓對手找到借題發揮的機會，於是可憐的海沃德因莫須有的罪名入了獄。

幸好，聰明的培根以斷章取義的角度來評論這件事，看似指責海沃德盜用，事實上卻輕巧地將海沃德原本背負的罪名轉移至古代歷學家身上，是讓海沃德能洗刷謀反罪名的絕妙方法。

不只培根有這樣的智慧，英國哲學家威廉‧休厄爾也是個很懂這類技巧的高手。某天他與維多利亞女王一起遊英國康橋的卡姆時，便曾機智地運用他的幽默感，解決了管理該河道主管的尷尬。

這天，維多利亞女王與眾人在河上的某一座橋上散步時，女王看見河面上正漂著不少廢紙張。只見女王微慍地說：「河面上怎麼會有那麼多廢紙？這裡是誰負責管理的？」

站在女王身邊的官員們一聽，全都噤聲不語，深怕一旦回

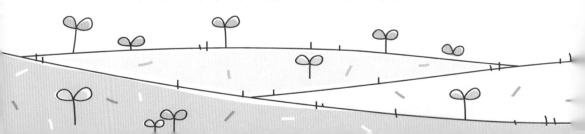

應，頂上的烏紗帽就要被摘下來了。

　　這時，威廉・休厄爾出面說：「陛下，它們不是廢紙，因為在那些紙上都寫著這麼一個告示：造訪者敬啟，請勿在這條河中游泳。」

　　仔細想一想，當你遇到類似的情況時，你會怎麼解決？是否也能像故事中的兩位哲學家一樣，機智幽默地把問題轉移，替人解除危機？

　　幽默的人最受人歡迎，這種能為他人解除危機的人，常常是最受主管器重的，因為透過解題技巧，主管最能看出一個人的才能與智慧。

　　事實上，許多問題其實都不難解決，人際間的溝通也沒有我們想像中那麼難，只要懂得轉個彎，運用機智幽默想一個對方可以接受的說詞，那些生活難題自然就會遠離我們。

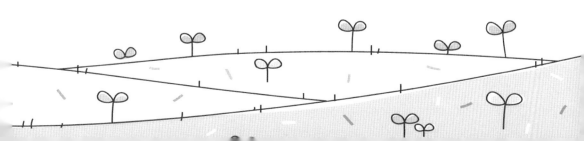

會說話，更要能聽出話中話

 要學習判斷是非，也要學會觀察聆聽，如此才能找出正確的答案，不致於被人誤導而做出誤判。

在法庭中，被告的辯護律師大聲質問證人：「你說事故發生的時候，你離出事的地點約有一百英呎，那請告訴我，你到底能看見多遠的東西？」

證人說：「嗯，我早上起來的時候可以很清楚地看到太陽，據說，太陽離地球有九千三百萬英哩，所以這就是我可以看見最遠的距離。」

對你來說，證人的答案似乎有些刁鑽，但是就事論事，從證人的角度來思考，他的說詞其實並沒有錯。

在法庭上，講求的是最正確的答案，以及最公正的審判，每個證人也知道自己的證詞將影響某個人一輩子，所以，答案總是得小心構思。也許，有些是經人教導，有些是自己不小心脫口而出，至於真實性有多少，大概就只有他們自己知道了。

不過，一如「可以看見太陽」一樣，這證詞看起來笨，但也留給人無限的想像空間，這樣的證詞絕對不會得罪人，至於

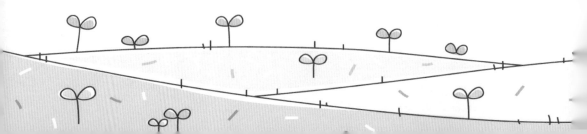

該怎麼論斷是非，就看法官怎麼取捨，如何拿捏了。

　　法庭上，不乏各式各樣讓人啼笑皆非的證詞，下面的故事又是一例。

　　有個女性是一間即將破產的公司的女秘書，幾天前收到法院的傳票，要她在這天出庭作證。

　　現在，法官正以極為嚴肅的口吻質問她：「妳知道作偽證會有什麼後果嗎？」

　　女秘書很冷靜地點了點頭，然後對法官說：「知道，我可以獲得二千法郎和一件貂皮大衣。」

　　在這個故事裡，我們很難揣測女秘書是真笨還是裝傻，然而這個看似愚蠢的回答，其實正揭露了事實與真相，這或許是我們在面對難以處理的人事糾紛時的最佳方法，不是嗎？

　　在另一個法庭上，法官問證人：「宣誓之後，你知道應該怎麼做嗎？」

　　證人點頭，回答說：「我知道，一旦宣誓之後，不論我說的是真是假，都應該堅持到底！」

　　在不得不說假話的時候，簡單一句「無論真假都要堅持到底」，反而有會心一笑的效果。

　　其實，法庭上的偽證人和罪犯大都是帶著一顆不踏實的心上台，在不能說出事實的前提下，他們總得編織許多謊言，然而謊話記得再清楚、說得再詳盡，也始終比不上記憶深刻的事

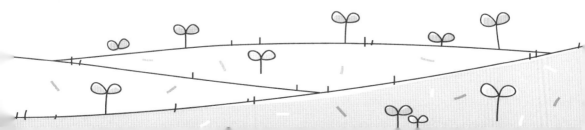

實真相。

　　想找到偽證的漏洞其實不難，仔細聽聽對方的說詞，也用心觀察對方的神情，就不難從中發現實情。

　　在人際交流時，我們也經常面對相似的情況，常會無法判斷人心的真偽；或者聽對方說話時，總覺得意在弦外，根本抓不住對方的重點。

　　因此，我們要學習判斷是非，也要學會觀察聆聽，如此才能找出正確的答案，不致於被人誤導而做出誤判。

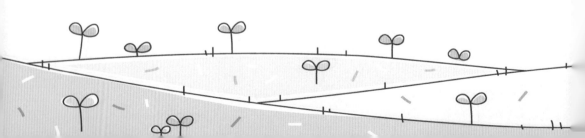

體貼他人付出的心意與努力

凡事要能將前因後果仔細了解，然後再用幽默的方法說出自己的看法，進而改變對方的想法。

「四個人還抓不住一個罪犯，全是飯桶！」警長對著部屬大聲地怒吼著。

其中一名員警怯怯地反駁：「這個……長官，其實我們也沒有白追呀！因為，我們把他的指紋帶回來了。」

警長一聽，情緒稍稍緩了下來，連忙追問：「在哪兒？」

四個人同時挺直了腰，神情驕傲地說：「在我們臉上。」

聽見員警的答案，大概不少人笑得從椅子上跌到地上。在笑聲中，你還從故事看到了什麼？

說這幾個員警不是普通的笨，想來沒有人會否定，可是在不得已的情況下，在什麼資訊都沒有的時候，這個可笑的資訊未嘗不是一個好方向，說不定在他們扭打的過程中，有人的臉上留下了犯人的毛屑或未乾的唾沫。

培養機智的目的是為了解決問題，能在非常時候轉彎思考，也能在非常時候以幽默輕巧地嘲弄，一如底下吉四六的幽默動

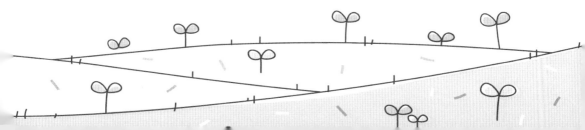

作。

　　日本某村的村長感冒了，臥病在床，許多村民趕忙前去探望，唯獨吉四六姍姍來遲，村長很不滿意地質問他：「你為什麼這麼晚才來？」

　　吉四六笑著回答說：「是這樣的，一聽說您病了，我就連忙到村外試著找名醫來醫治您啊！」

　　「是嗎？很好，你果然是個聰明人！」村長讚道。

　　過了一些日子，村長的病情變重了，大夥再度前去他家探望，至於吉四六，仍然是最晚到的一個。

　　這次，村長直接問他：「你請到名醫了嗎？」

　　沒想到吉四六搖了搖頭說：「找名醫幹什麼？我聽說您病得很重啊！我想您恐怕是救不活了，所以我去請了和尚來幫您誦經，另外，我還很用心地到村外的棺材行，為您預訂了一口上等棺材。」

　　「你…，你這什麼意思啊！」村長聽完吉四六的話，支吾了兩句後便氣得暈了過去。

　　吉四六到底聰不聰明，或者你我心中各有各的答案，但不能否認的是，先是奉承後來嘲諷，吉四六冷靜輕巧地把大擺官威的村長譏得面目全非。

　　雖說村長是地方父母官，村民本來就該多多關心問候，然而村長那樣在意「早到晚到」的舉動，確實也讓人們不知所措，有心奉承的自然早早出現，無意交流的卻也被官威逼得心不甘情不願，虛情假意地現身。其中是非對錯，想來吉四六心中是

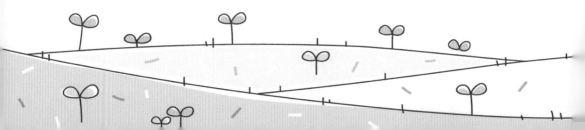

有一把尺拿捏著的。

　　人世間總有一些讓人看不慣的事，人和人之間也難免會對立、摩擦，但是，一不順心如意就出口成「髒」，只會被當成沒水準的莽漢、匹夫。

　　幽默是化解自己和別人衝突的最佳應變智慧，懂得運用幽默的方法表達自己想法的人，不僅可以替自己出口怨氣，同時也可以突顯問題的不合理。

　　生活中人和人之間的互動，需要的只是一顆體貼的心，和一份真情誠意的關心。凡事要能將前因後果仔細了解，然後再用幽默的方法說出自己的看法，進而改變對方的想法。

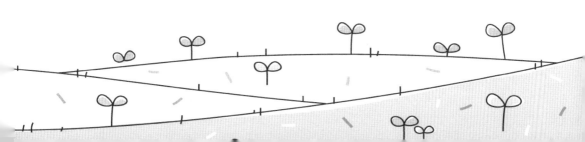

冷嘲熱諷最能達到批評效果

用幽默的方式說我們該說的話，當然也要用心聆聽人們的批評；冷嘲熱諷雖然傷人，但是卻極具激勵的效果。

哈茲里特曾經寫道：「幽默詼諧是談話的調味品。」

機智幽默是人際互動的最佳應變智慧。讓人發噱的幽默言談，往往更能讓對方深思你要表達的意思。

「爸爸，什麼是歌劇啊？」小彼得問爸爸。

小彼得的爸爸說：「歌劇就是當舞台上一個人被敵人用匕首刺進胸膛後，面對著流出來的鮮血，他會大聲地唱起歌來，而且還可以唱很久很久。」

聽見彼得爹地童言童語的解說，是不是讓你不禁莞爾？在聽見彼得爹地的解釋後，關於歌劇你是否又多了一層認識？

觀看舞台劇的趣味便在此，觀眾能直接感受到演員們的肢體動作和當下情感，也在現場與演員交流情感。相對的，舞台上的演員們必須直接面對觀眾們強烈且毫不保留的情感。

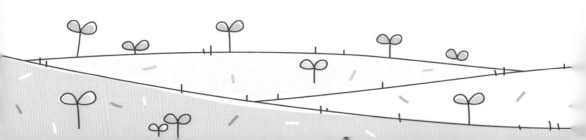

　　某個劇院表演歌劇《奧賽羅》，當觀眾們全心投入欣賞時，竟發現那個扮演苔絲德蒙娜的演員是個毫無演技的傢伙。

　　也許因為觀眾們都太過投入了，因而當奧賽羅作勢要掐死她的時候，台下觀眾居然歡聲雷動了起來，大家紛紛叫喊著：「對，把她掐死就對了！」

　　在另一個情境下，觀眾們也有類似的直接反應。

　　有位老師問學生們：「我推薦你們去看的那齣喜劇，你們看完後有什麼心得嗎？是不是很有意思呢？」

　　同學說：「老師，那怎麼會是喜劇呢？根本是一齣悲劇好不好！」

　　老師不解地問：「怎麼會呢？」

　　同學說：「拜託，整個劇場裡只有十六位觀眾，怎麼不是齣悲劇呢？」

　　正因為直接面對舞台上的演員，觀眾當然會毫不保留把情緒傳達出來。

　　不但表演環境這樣，現實生活中更是如此，我們不免會遇到相同的問題，那麼，當我們聽見這樣的批評，或者準備給人直接的批評時，又該怎麼聆聽或提議呢？

　　用幽默的方式說我們該說的話，當然也要用心聆聽人們的批評；冷嘲熱諷雖然傷人，但是卻極具激勵的效果。

　　我們可以把「現實情況」據實以報，有時太過轉彎反而容易讓人產生誤解，甚至錯失了面對錯誤或修正缺失的第一時機，就像第三則故事一樣，反諷「悲劇」其實也直接評論了戲劇的

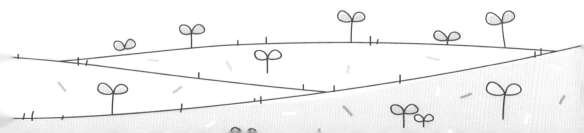

好壞。

　　對學生來說，劇情是否有趣並不重要，因為沒有票房是事實，觀眾們不願意買票進場，就代表這齣戲的創作者必有某方面的缺失。

　　人們的情感是藏不住的，心中的感受也常常直接地表現出來，因而我們都很有機會像故事中的女演員與喜劇創作者一樣，必須面對人們毫不留情的批評。但是，不要一聽到批評就急著反駁人們不懂，因為能聽見評論的聲音，便代表人們對我們仍有期許。

　　只要能靜心聆聽，也肯用心糾正錯誤，我們很快就會有表現的機會，並聽見人們真正「鼓掌叫好」的聲音。

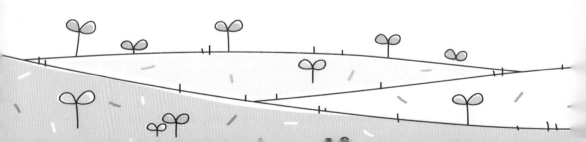

用智慧拿捏進退

理事要簡潔明快，處世要周全果斷，但更要
為自己的權利好好守護，不論退與不退都要
運用智慧拿捏。

某一天，朱哈愉快地走進理髮店，誰知，原本的好心情卻
被一名手藝很差的剃頭師傅破壞了。

只見平躺在椅子上的朱哈眉頭深皺，「哎呀」聲連連，因
為這個新來的剃頭師傅手中的剃刀，不斷劃破朱哈的頭皮，每
剃破一處，便用棉花輕輕地按住頭皮上的傷口。

忍了好一會兒的朱哈，實在忍受不了了，於是揮了揮手，
說道：「請停手，我不想剃了！」

但是當他準備站起來時，卻被剃頭師傅猛然壓回座位，只
見師傅平靜地對朱哈說：「朋友，忍一忍，就快剃完了。」

這個頗具喜劇效果的小事例，想必讓不少人的心情為之一
振吧！

廣受人們歡迎的喜劇片段，不也有許多像這樣無厘頭又充
滿趣味的劇情安排？想像著朱哈快樂地走進理髮店，接著反而
哀聲連連，其中喜悲反差的效果的確趣味橫生。只是再想想，

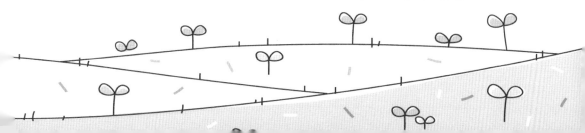

朱哈若真的一忍再忍，弄得滿頭是傷後才默默離開，就未免有失機智大師之名了。

是的，不是所有事都要退讓或逼自己接受，過分在意人們的感受或情感，逼得自己事事都要委曲求全，不過是讓自己深陷人情的泥淖罷了。

當剃頭師傅第一刀刮出傷口時，我們就要提出抗議了，怎能一忍再忍呢？甚至最後還無力反抗，乖乖地聽話坐回原來位子上任人宰割？

處世之道有退有進，但別忘了退一步不是一味地低頭隱忍。

凡事要據理力爭，該是我們的機會與權益都不該輕言放棄，要懂得幽默的方法說出自己的看法。

有名罪犯的家人，十分欣慰地對朋友說：「雖然他被判坐電椅，但幸虧我們請到一位非常能幹的律師……」

友人臉上不禁展露笑容，欣慰地問：「真的嗎？那他脫罪了吧？」

「沒有脫罪啊！不過，律師已經幫他爭取到，把椅子的電壓降低一些些。」犯人的家屬說。

多加一瓦或少降一瓦到底有多大的差別，大概只有受過電刑或者執刑者才知道，只是這其中重點，又豈是在電壓的高低？

說笑著那「一些些」，卻也發人深省，不用討論受刑者應該不應該被判死刑，而是應當反思他們口中的能幹律師，是否真的盡了全力為犯人辯護，並盡力為犯人洗脫罪名才是。

從朱哈被押回椅子上的情況，再至罪犯僅僅少一些些的電

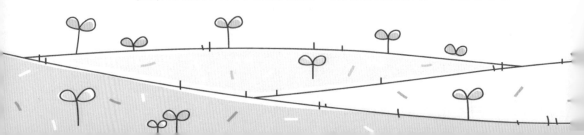

壓，我們也得出了一個結論：「理事要簡潔明快，處世要周全果斷，但更要為自己的權利好好守護，不論退與不退都要運用智慧拿捏。」

在這個紛紛擾擾的時代，人與人之間充滿著爭執、衝突、競爭、交戰，許多無謂的爭執衝突，都是溝通不良引起的！

如果，你懂得用幽默的方式表達自己的想法，不但讓對方無從下手，更表現出自己的坦然與寬宏。幽默是人的情感的自然流露，可以直接讓對方卸下原有的心防，甚至可以像潤滑油一樣，緩和原本僵持對立的氣氛。

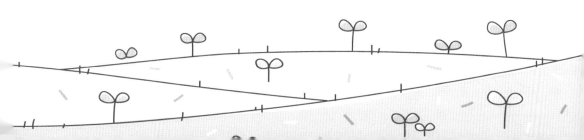

用幽默看待生命中的意外

 用幽默看待生命中的各種意外,面對生活中的一切不順心意的事情就能冷靜面對,更能微笑加以解決。

英國籍演員莫里斯‧巴里穆爾,在一八七五年移居美國後,才開始他的表演人生,努力學習的他很快地便成為觀眾喜愛的專業演員。

一生之中,巴里穆爾鞠躬謝幕的畫面不可勝數,不過,人們對於他最後一次的謝幕畫面卻是畢生難忘。

這個畫面不是出現在炫麗的舞台上,而是在一處幽靜的墓園中。

巴里穆爾在一九〇五年走完了他的人生旅程,一路陪伴著他走過精采人生的朋友與親人們都知道,巴里穆爾接下來將到另一個舞台,繼續他的演藝人生,此刻的他只是暫別以「莫里斯‧巴里穆爾」為名的角色。

不過,在安靜莊嚴的告別儀式中,巴里穆爾之子萊昂納爾突然驚訝地叫道:「你們看……」

原來,萊昂納爾看見一個有趣又熟悉的畫面,正當人們將

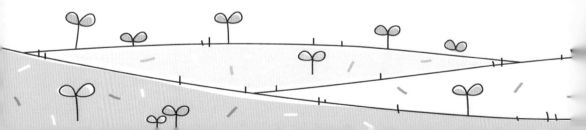

巴里穆爾的棺材抬起來，並準備放進墓穴時，卻見架起棺材的繩子突然晃動了一下，棺材也跟著輕扭了一下，接著棺材竟斜斜地卡在墓穴的邊縫。

這個情況令不少人忍不住輕呼了一聲，因為他們以為棺材會直接掉落至墓穴中，這可是對死者十分不敬的。

為了修正角度，工人們將棺材再次抬起，然後小心翼翼地將棺材往下吊，但就在這個時候，繩子再次晃動，棺材也跟著再度扭動，於是工人們不得不再一次將棺木吊起。

看見這個情景，萊昂納爾卻一點也不生氣，用手臂輕碰站在一旁的兄弟約翰，然後悄悄地對他說：「你看，像不像父親一次又一次謝幕的畫面？」

想像著這個在肅靜墓園中發生的小插曲，品味著萊昂納爾的話語，隱約間，似乎讓人更加感覺到兒子對父親的思念，是不是呢？

曾經有個旅人在旅程中發現了一座墓園，公園式的管理伴著幽默的追憶留言，讓人對墓園少了恐懼。其中，最令人印象深刻的，是一個丈夫對老婆的思念追憶：「親愛的，謝謝妳不再嘮叨了！」

用幽默看待生命中的意外，甚至是死亡，是多數西方人的態度，他們在墓碑上刻下的紀念文字不僅常讓人會心一笑，有時候，我們還能透過這些的幽默字句，隱隱感覺到墓中人正活躍重生。

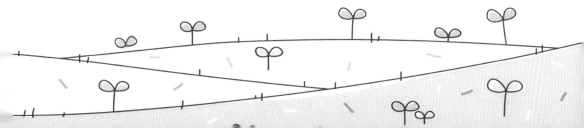

其實，這也是他們讓自己堅強走向未來的方法，也因為這樣幽默地看待生老病死，他們面對生活中的一切不順或意外，總能冷靜地面對，也能帶著微笑加以解決。

　　失意與挫折是每個人都沒有辦法逃避的人生考驗，如何用幽默樂觀的心態面對，無疑是相當重要的。

　　當現實環境不如預期，不妨發揮幽默感，許多苦惱都會雲淡風輕。

　　就像工人們在擺放棺木時的小狀況，身為兒子的萊昂納爾沒有怒斥工人的不是，反而從中憶起父親生前對戲劇的熱愛，正是這種心態，讓他能克服失去父親的哀痛，闊步走向之後的人生；而他的妙語，也再次讓巴里穆爾的身影活躍在每個人心中。

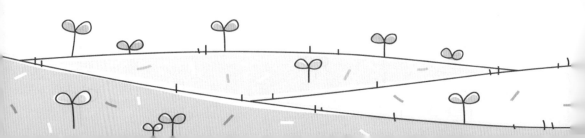

婚前多點耐心，婚後多些用心

每天每天認認真真地對待你的他，也誠誠懇懇感受著你的他，然後等一個對方真正能與你心意相通的時候，對他說：「我愛你！」

人說清官難斷家務事，以下這則小故事還真是非常之例！

「我要和家裡那個沒良心的臭男人離婚。」有位美國女演員怒氣沖沖地走進紐約一間著名的律師事務。

律師一看是著名的女演員，連忙上前說：「放心，我一定替您辦妥這件事，只要您立即支付三千元美金，我立刻為您辦好離婚手續。」

「什麼！要三千元美金？我的天啊！」女演員大聲叫喊著，接著竟說：「這未免太貴了吧！我找人開槍殺了那個臭男人也不過要一千五百元！」

沒想到曾經愛得那樣深，有一天竟連三千塊美金也不值。感情事總是讓男人女人傷透腦筋，未婚前男歡女愛，誰也不願放棄誰；總算得到了彼此，共結連理後，卻又問題多多，似乎怎麼愛都不對，兩人相看越發厭煩。

所以，無怪乎底下這位律師會有這樣的無厘頭的回應。

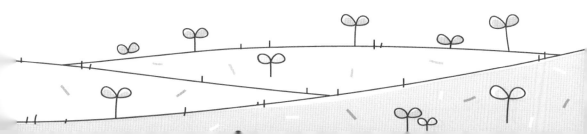

某天，瑪麗大步跨入一間律師事務所，然後對著服務人員說：「您好，我想瞭解一下，我是否具有離婚的基本條件。」

　　後面的律師聽見了，連忙上前問道：「妳結婚了嗎？」

　　瑪麗皺了眉，然後點頭說：「當然結婚了。」

　　律師點了點頭，說道：「很好，那麼妳便已具備離婚的基本條件了。」

　　聽見「結婚」等於「離婚的基本條件」時，的確讓人會心一笑，這看起來不大對勁的邏輯，卻是「一針見血」的好答案啊！

　　現代男女，不乏有人結了婚後便等著離婚，多少年輕夫妻的口頭禪是：「不合？大不了離婚嘛！」

　　只是，當「愛」變得那樣容易結合與分離時，「愛」這個字在你我的嘴裡到底還剩多少價值？因為「愛」變得越來越容易取得，衍生而來的，卻是一幕又一幕夫妻失和的畫面。

　　有位法官，就一連好幾天都得審理複雜難為的夫妻失和案子。這天，他忍不住勸說：「我真無法相信，像您這樣體面又穩重的男人，居然會動手打像您妻子那樣嬌小脆弱的女人，您實在應該向妻子道歉。」

　　約翰說：「法官先生，我也是在忍無可忍之下動手的啊！你知道嗎？她天天罵我，天天折磨我，惹得我完全失去耐性，才做出這樣可怕的舉動。」

　　法官同情地問他：「是這樣嗎？那她平時都對你說些什

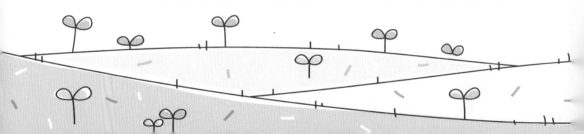

麼？」

約翰說：「她幾乎天天喊道：『來呀！你打我啊！我才不怕你。來呀，來呀，只要你敢碰我一下，我就把你拉到那個又禿又傻的老法官那兒去，哼！』」

法官一聽，瞪大眼說：「好，本案即刻撤銷！」

從故事中，我們再次證明了一件事，爭吵不僅讓人失和也容易使人失言。笑看法官最後的判決，或者我們更能冷靜尋思，夫妻之間的口舌之爭，說是因為生活現實，不如說是對彼此太熟了，熟到忘記相互體貼，忘了曾經允諾的：「我願意守護、謙讓、關愛他一輩子！」是不是呢？

別讓你的「愛」那樣輕易對你的他說出口，每天每天認認真真地對待你的他，也誠誠懇懇感受著你的他，然後等一個對方真正能與你心意相通的時候，對他說：「我愛你！」這樣一來，離婚率自然不再超速攀升，同時也會因為彼此的用心與認真看待，讓未來多添一組鑽石老夫妻。

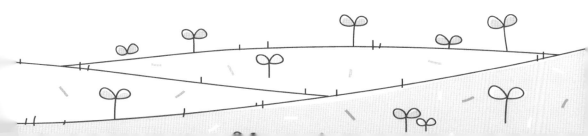

時間也能用來解決問題

當我們遇到問題或人們的挑戰時,別著急心慌,也別急著回擊,唯有靜下心來等待,才能找出讓人拍案叫絕的方法。

佩庫曾在琉球王國的某個城鎮任官,但是,能當官並不代表一定能夠「賺錢」,再加上佩庫家的人都不擅長管理財務,一家人常常處在挨餓的狀態,日子過得很困苦。

這天,佩庫才剛踏進家門,妻子便對他喊道:「老公,米缸又見底了,今天要餓肚子了。」

佩庫一聽只好牽著瘦馬再走出門,拉緊了褲帶進城找朋友借錢買米。不過,他實在餓得很難受,後來還餓到得用手搗著肚子低頭走路。

這時,正好在街上巡視的琉球國王看見他這模樣,便好奇地問:「佩庫,你為什麼要這樣走路啊?」

佩庫抬頭一看,竟是琉球國王,連忙上前跪地稟告:「大王啊!因為我餓到胃痛了。之所以低頭走路,其實是為了找點吃的東西回家。」

國王一聽,搖了搖頭說:「來人啊!快拿包米給他。」

佩庫謝過國王的賞賜,隨即便將米包放在馬背的一邊,只

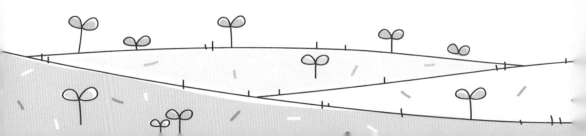

是忽然有包重物加在身上，那匹瘦弱的馬竟一個重心不穩，倒了下去。

佩庫一看，轉身對國王說：「大王，這馬只馱一包米是無法走路的，我看，要是能兩邊各放一包米，應該就不成問題了。」

國王明白了佩庫的要求，點頭答應再給他一包米，然後笑著對他說：「又是你贏啦！」

天下沒有白吃的午餐，佩庫當然也明白這個道理，於是，為了讓對方送得心服口服，他以「站立平衡」為理由，暗中請求國王加碼；相較於直接伸手乞討的情況，這個理由讓人不禁莞爾，自然也讓人給得心甘情願。

智者的故事很多，另一則故事也讓人讚嘆連連。

當時，琉球有許多地方都在動工興建房子，所以在這個非常時期，琉球人都很忌諱提到「燒」和「火」這兩個字。

然而，有個木匠聽說人們都很誇讚佩庫的聰明機智，心中不大服氣，於是和夥伴們商量：「我去把佩庫找來，然後和他打賭，只要有人在我們完工前說了『燒』和『火』這兩個字，就罰一升酒。」

佩庫果然答應了這個邀約，不過木匠們卻等了好幾天後才等到佩庫出現，而且他一看見木匠們，便氣急敗壞地說：「我前幾天到山裡去探訪一位老朋友，沒想到那個人實在太糊塗了，你們知道嗎？他竟用木頭鍋煮粥吃。」

大家一聽，吃驚地問：「木頭鍋？那鍋子不是很快就著火

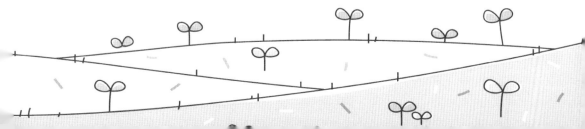

了嗎？」

　　原本想贏過佩庫的木匠們，一開始便在佩庫聰明的設計下，脫口說出了「火」字，結果還是輸了。

　　仔細分析這則故事的劇情，我們能看出佩庫在「時間」點上的利用。他沒有立即對付工匠們，反而拖延好幾天後才出現，這其中的要訣便是利用人們容易「淡忘」的特性。

　　試想佩庫若在第一時間出現，工匠們自然會反應靈敏，處處提防；然而隨著時間慢慢流逝，工匠們便會慢慢卸下防備。

　　從這個「方法」延伸思考，我們在遇到問題時，不也要像佩庫一樣，冷靜處理，耐心等待最佳的解決時機嗎？

　　「時間」是一個方法，而「引誘」人們入甕又是另一個智慧巧思，佩庫以「平衡」和「木鍋」為誘餌，讓人一腳踩進甕中，因而能輕鬆達成他的目的。同樣的，當我們遇到問題或人們的挑戰時，別著急心慌，也別急著回擊，唯有靜下心來等待，才能找出讓人拍案叫絕的方法。

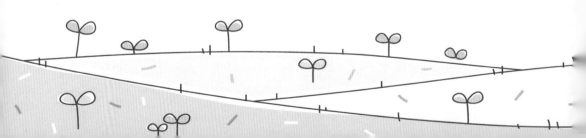

PART 10

說話多點技巧，生活少些煩惱

與人交流要多用幽默技巧留下轉圜空間，

才能在這複雜的現實社會中，

瀟灑走過每一場紛爭，

也輕鬆躲過每一個危機。

說話多點技巧, 生活少些煩惱

 與人交流要多用幽默技巧留下轉圜空間, 才能在這複雜的現實社會中, 瀟灑走過每一場紛爭, 也輕鬆躲過每一個危機。

高爾基曾說:「過分認真嚴肅地看待生活, 生活就會枯燥乏味。」

的確, 如果不懂得用幽默的方法表達自己的看法, 用幽默的方法改變對方的想法, 那麼生活就是由衝突、摩擦和痛苦串連而成, 要是能夠用輕鬆幽默的心態面對, 那麼人生就會精采豐富。

遇到棘手麻煩的人或事, 你通常怎麼應付? 是直接駁斥, 把球用力反擊回去? 還是停頓一下, 然後再直擊對方要害?

有一天, 賈西飼養的小毛驢被偷了, 找了半天始終找不到。於是他在村裡到處放話:「快把毛驢還我! 不然我就要像我父親那樣做了!」

小偷聽見後十分害怕, 雖然他不知道賈西的父親到底會怎麼做, 但這般恐嚇式的放話, 卻讓他心驚膽跳, 於是連忙向賈西認錯, 並將小毛驢還給賈。

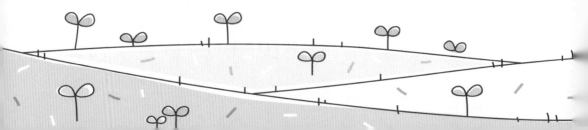

　　「請問，您父親大人會怎麼做？」事後，竊賊好奇地問。

　　只見賈西笑笑地說：「很簡單啊！毛驢不見了，當然再買一頭毛驢囉！」

　　聽見賈西這樣的解答，是不是讓你忍不住哈哈大笑呢？那麼，你是否在笑聲中領悟了其中訣竅？

　　沒有一口氣將話說完，賈西硬是保留了最後一句話，先「威脅恐嚇」，因為對方若只是泛泛小輩，這個恐嚇方法應該會達到一定的效果。

　　果不其然，這個偷兒真是一個無膽小偷，不必賈西再用其他招式，便乖乖地把驢子歸還給了。

　　其實，人心是可測的，特別是對付那些投機取巧也滿腦子壞念頭的人，只要能試著推測出他們最害怕或是最想要的情況，自然能解除各式不必要的麻煩和危機，就像伊朗機智大師毛拉曾經遇到的情況。

　　有一天，伊朗王興沖沖地將自己剛完成的頌詩給毛拉看，毛拉看完後卻說：「這詩寫得不怎麼樣嘛！」

　　沒想到毛拉會這麼直接批評，伊朗王當場變臉，最後還惱羞成怒，下令將毛拉關進大牢，讓他餓一天一夜。

　　事過不久，國王又寫了一首頌詩，要毛拉發表評論，這回毛拉學乖了，一句話也沒說，只靜靜地站起來，轉身準備離開。

　　國王見狀，問道：「毛拉，你要到哪兒去？」

　　毛拉偏著頭，回答說：「去監獄。」

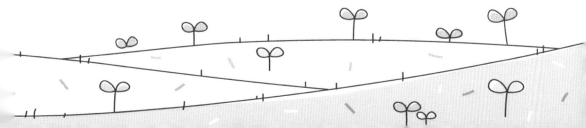

多妙的回答，伊朗王若是個聰明人，應該知道毛拉的評價吧！帶點嘲諷的幽默回應，看似讓人尷尬，實則顧全了伊朗王的面子，更緩解兩個人再一次硬碰硬的衝突機會。

　　與人溝通時當然可以直言，可是坦白直言也要將話說得漂亮有技巧，否則只會為自己帶來不必要的困擾。把話說得露骨或是直言不諱，看似忠心耿耿、無私無藏，很容易傷了人，又傷了自己！

　　與人交流要多用幽默技巧留下轉圜空間，話可以說得直接，但也要懂得多用技巧，我們才能在這人事複雜的現實社會中，瀟灑走過每一場紛爭，也輕鬆躲過每一個危機。

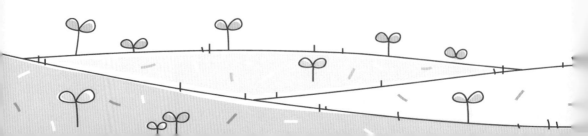

體貼讓人和人之間更緊密

每個人都應要求自己用同理心去體貼他人，如此，或許人和人之間將能多一點祥和互動和溫馨關愛。

有位著名的拳擊家正在餐廳中吃飯，因為怕湯汁沾到身上那件昂貴的外套，所以便把外套脫掉，掛在椅子上。

這時，他忽然想上廁所，但又怕外套被偷了，於是靈機一動，寫了一張紙條夾在衣服的口袋上，字條上是這樣寫的：「這件外衣是拳擊手布朗先生的，他一會兒就會回來！」

沒想到當他回到坐位時，那件外套竟然不見了，這令布朗先生憤怒地大叫：「這，是誰偷了我的外套？」

人們好奇地看著他，經理也走過來了解情況。

隨即，經理發現就在布朗先生的桌上有張字條，上面這麼寫著：「您的外衣被著名的長跑選手拿走了，他已經往外狂奔，永遠都不回來了。」

布朗簡單寫上自己的名字，想警告心懷不軌的人，沒想到卻換得一張竊賊的趣味留言，只是讀著這個「幽默風趣」的回應，不只布朗自己，或許就連你我看了都笑不出來吧！

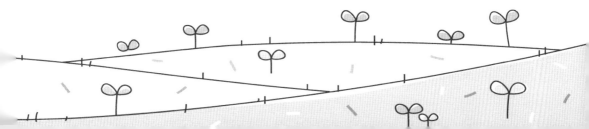

相同的失竊經驗想必不少人都經歷過,回想著失去最珍愛的物品時,心裡的焦急和傷痛可不是一般詞彙可以說盡,但是竊賊防不勝防,只能要求自己時時提高警覺了。

　　感受著布朗的無奈和憤怒,再看看以下卡巴和他岳父的互動,會更加明白,每個人都應要求自己用同理心去體貼他人,如此,或許人和人之間將能多一點祥和互動和溫馨關愛。

　　這天,機智大師卡巴好不容易有了空閒,想在家裡好好休息一下,但卻沒想到他才剛上床,便被岳父叫起:「太好了,卡巴你難得在家,來來來,你快幫我一個忙,到果園去幫我摘下那顆熟透了的菠蘿,只要找到那株最老的菠蘿樹,你就會看見那顆果實了。」

　　卡巴無奈地點了點頭,然後便拖著疲憊的身子來到果園裡。他四下搜尋了一會兒,總算看見那株老菠蘿。

　　「唉,四肢無力,還要爬上樹摘那顆果實,我的老天爺呀!」卡巴對著老樹大發牢騷,但他最終還是爬上樹將那顆大果實摘下,因為要是違逆了岳父的意見,後續的爭吵肯定更累人。

　　於是卡巴摘下果實,然後小心翼翼地擺放在地上,接著再次拖著疲憊的身子回家。可是,當卡巴回到家時,卻聽見他岳父說:「卡巴,菠蘿果呢?」

　　是的,卡巴此刻兩手空空的回到家,那顆新鮮菠蘿果竟不見蹤影。見到這種情況,他岳父當然要著急地追問。

　　只見卡巴不疾不徐地說:「是這樣的,我已經叫它先走一步了,怎麼,它還沒回到家嗎?嗯,該不會它太老了,不知道

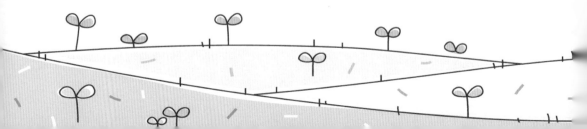

怎麼走到這兒來吧？」

　　岳父聽了又好氣又好笑，看著這個兩眼無神、一副懶樣的女婿，只得無奈地搖了搖頭，然後急急忙忙地跑到果園，自己把那顆果子抱回家。

　　看見卡巴耍賴把果子丟在果園裡，還要求岳父自己去取，這事若就長幼禮儀而言，卡巴的態度確實有些不對；但若從個人權利的角度思考，對好不容易有休息時間的卡巴來說，岳父還真是不懂得體恤女婿，為何不等卡巴好好睡一覺之後再派他幫忙呢？

　　生活中，人和人之間有著必然的互動與相依，更必須要有體貼和尊重，只是這點得靠每個人努力推動和維繫。若能用幽默的方法表達自己的想法，相信這世上應該可以少一點暴戾和衝突，更會少一些險惡的人心。

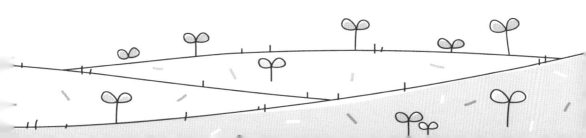

轉個念頭就能看見快樂

 無須到處祈求天佑平安、喜樂,只要放下一點偏執,幸福自然降臨,能讓心胸多騰出一點空間,快樂自然充滿胸膛。

每個人心中都自有一套判斷標準,面對悲傷或是快樂,每個人都有不同的接受程度,甚至是價值標準,例如霍加丟失驢子時的態度便與多數人不同。

有天,霍加帶著驢子到市集,誰知才一轉身,驢子竟不見了。他著急地來到市集中央公告:「誰要是找到驢子,我就將這組頭套和鞍子,連同那頭驢一起送給那個人。」

聽到霍加這麼說,現場引起一陣騷動,有人不解地問他:「朋友,既然你要把驢子連同那些配備都送給人,那你還找驢子幹什麼?這和你現在遺失牠的結果不是一樣嗎?」

但是,霍加卻嚴肅地回答說:「朋友,你認為找到失物的樂趣,是那麼微不足道的事嗎?」

如果是你,又是怎麼樣的想法?東西不見了當然著急,只是找回來後卻又要拱手送人,想必讓不少人困惑不已吧!

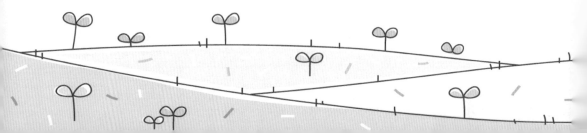

　　若不從具體物件思考，單單從霍加的心理探究，原來握在手中的東西會忽然消失，原因不乏自己的迷糊與不小心，決定送給尋獲者或許也是他對自己不夠小心的處罰，況且驢子與其跟著迷糊的自己，不如送給能小心照料牠的主人。

　　再轉換個角度想，若非大家幫忙找回，霍加不也一樣永遠都要失去那頭驢子？那麼這結果與最後全數送給尋得的人不也一樣？

　　從這個角度一想，你是否更明白了呢？或者我們可以這麼說，對於某事物一旦有了感情，它的價值就很難估量。所以與其永遠未知結果，不如尋得後仍知其蹤，這對霍加來說，心裡才會感到踏實吧！

　　由這個故事也能了解，每個人對事物的價值觀感認定不同，面對同一件事的感觸也不同，想要改變對方的想法，就要運用對方能夠受的方法。

　　日本有這麼一則傳說，有個母親每天都要走很長的一段路，到一間神社參拜神衹。有一天，婦人再次準備出門前，她的兒子忽然跪在母親跟前，並用力地呼叫「媽媽」。

　　他一連叫了好幾回，母親也接連答應了好幾次，但無論母親怎麼應答，始終都聽不到其他話語，他只是一直喊著「媽媽」。母親臉色一凜，有些生氣地說：「你到底想說什麼？快點說，我可趕著出門啊！」

　　聽見母親這麼說，男孩總算有回應了：「媽媽，那妳每天跪在神佛面前說『請您保佑』，而且總說個沒完沒了，神佛難道就不生氣嗎？」

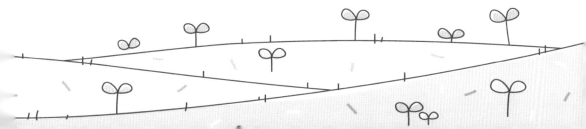

母親聽了兒子的話,頓時啞口無言,接著她省悟地點了點頭,從此便不再大老遠跑去神社求神拜佛了。

　　簡單的一句「媽媽」,輕輕點醒了過於迷信的母親。再想想,四處懇求人們施助,或到處追求致富秘方的人,與故事中的母親有何不同?

　　遇到這種人,不妨用幽默的方式提醒著他們:「我們無須到處祈求天佑平安、喜樂,只要放下一點偏執,幸福自然就會降臨,能讓心胸多騰出一點空間,快樂自然就會充滿胸膛。」

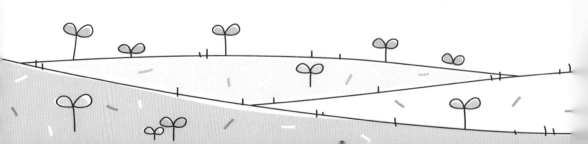

改一改自己待人接物的姿態

你會發現身邊的人總是想躲開你嗎？又感覺
到人們似乎不太服你嗎？那麼就把自己的氣
焰收一收，也改一改待人接物的態度吧！

一位野心勃勃的年輕指揮家正在台上指揮彩排，然而練習
一段時間後，卻見指揮家的臉色變得越來越嚴肅、沉重。

因為，他很不滿意樂手們今天的狀況，只見現場的樂手們
一個個都被他指著鼻子糾正，而且是從早上被批到了下午。

最後，有個小提琴手實在受不住了，突然站了起來，並大
聲地對著指揮喊道：「如果你再這麼囉唆，我們今天晚上就照
你指揮的來演奏好了。」

小提琴手最後的反駁其實也點出了問題的癥結所在，原來
問題是出在指揮家身上，只不過這名年輕人始終沒發覺自己的
問題。

或者，我們可以這麼說，這名年輕的指揮家無論是在指揮
能力還是溝通上都出現了問題。

畢竟指揮是樂團的靈魂、樂團的核心，當樂手們無法與他
指揮配合，甚至是不願服從時，應當要先反省自己，如此一來，

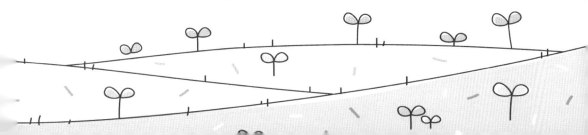

才能找出問題的關鍵，也才能挽回樂手們的信任。

　　阿克巴國王有一天對智者比爾巴說：「倘若國王們都能得到長生不老的秘方，那麼國家就能由他們長久統治，你想如此一來不知道該有多好！」

　　比爾巴立即點頭回應：「陛下，你說的不錯，不過，要是真能找到這種仙丹，我想如今坐在這個王位上的人恐怕還輪不到你吧！」

　　將這則故事與第一則故事兩相對照之下，我們也得出了一個結論：這個世界是由一雙手牽起另一雙手建造而成的，所以我們每一個人都很難離開人群獨居；換句話說，沒有人能「天上天下，唯吾獨尊」，地位再高、角色再重要，也要記得這一切是由「他人」所促成的。

　　你會發現身邊的人總是想躲開你嗎？又感覺到人們似乎不太服你嗎？

　　那麼就把自己的氣焰收一收，也改一改待人接物的態度吧！就像第一則故事中的指揮家一樣，若能多一點笑容，再來個謙卑請教的低姿態，相信樂手們不僅會給他許多好意見，甚至會心甘情願地服從他的指揮。

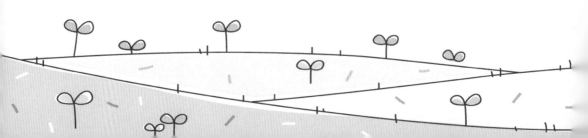

不要狗眼看人低，也不要看輕自己

 對人要懂得尊重，對事要有專業的態度，不要用有色眼睛視人，更不要狗眼看人低。

某天，毛拉正準備趕赴一場餐會。一如往常，他的穿著仍然是簡單普通，讓人覺得有些寒酸。

也因此，毛拉一踏進會場，僅管他手上有邀請函，卻沒有人上前和他打招呼，甚至連宴會主人的態度也非常冷漠。

毛拉看了，便偷偷溜回家，換上一身華貴的服裝再重回會場。這一次，主人和其他賓客們熱情寒暄，主人甚至還邀他坐上首席呢！

桌上擺滿了珍饈美味，毛拉不慌不忙地揚起了袖子，接著竟是拉著袖口親近桌上的食物，說道：「請隨便吃點兒吧！」

「毛拉，你這是在做什麼呀？」看見毛拉這個舉動，沒有人不感到詫異，紛紛好奇地問道。

毛拉笑著說：「哦，今日這場盛宴，各位只看重穿著華麗的人。所以我想你們應該是想『請衣服用餐』，不是嗎？」

先不論上則故事中主人與賓客的態度，一般人確實習慣從

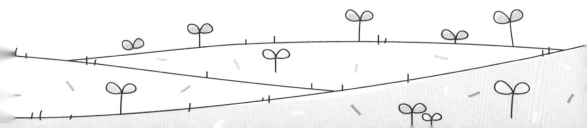

一個人的外表穿著作為第一印象的判斷觀感。所以，要是你明知道自己出席的是場盛會，卻偏要穿一雙夾腳脫鞋，一身邋邋地出現，該檢討的其實是你自己，不懂自重的人又如何能得人尊重？

當然，這不是要我們非得身穿華服示人，更不是要我們一身珠光寶氣，但是，至少要把自己好好整理一下，以合宜的裝扮出現。

若基本禮儀都做到了，服務者卻仍以「品牌」分級服務，那麼我們大可像毛拉一樣，用諷刺的方式好好給他們一個機會教育。

某一天，毛拉來到澡堂洗澡。誰知工作人員的態度非常冷漠，服務非常不周到，態度甚是輕慢。

臨走時，毛拉掏出了十個錢幣作為小費，工作人員一看，受寵若驚，連連鞠躬道謝，這是他第一次展現笑容與熱情的態度。

過了一個星期，毛拉再去洗澡。這次可忙壞了那個工作人員，只見他又是遞毛巾，又是點煙送茶的，服侍得無微不至，簡直把毛拉當皇帝般伺候著。

臨走時，毛拉卻只給了他一個錢幣的小費。

工作人員一看立即變臉，怒氣沖沖地質問毛拉：「喂，上次你給了那麼多小費，怎麼這次只給一丁點兒？」

毛拉摸了摸頭、聳了聳肩，笑著說：「哎呦！是這樣的，上回我給錯了，這次我補給，只是前後調換一下罷了。」

工作人員不解地問：「什麼意思？」

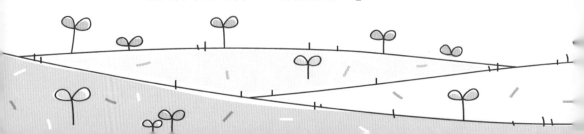

毛拉笑著說：「道理很簡單。我今天給的是上次的小費，而上次給的是這次的小費，明白吧！這樣才對，不是嗎？」

利用「小費」教訓，確實讓人體會深刻！現實生活中，我們都有過相同的經驗，這個故事不是要教我們如何報復或給對方教訓，而是要告訴我們，對人要懂得尊重，尊重別人就是尊重自己。

人和人互動，總是有人會以對方的身分地位或以財富多寡區分等級。當我們也有這樣的念頭時，何不將心比心，想一想同樣的情況若是發生在我們身上，自己是否能接受？

不要用有色眼睛視人，更不要狗眼看人低，很多時候，其貌不揚的人總隱藏著卓越的長才，穿著平凡普通的人口袋裡常藏了可觀的財富！

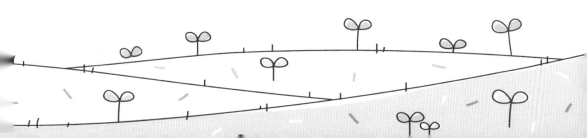

面對批評，要懂得自我肯定

 生命本身有無可限量的爆發力與創造力，我們不應該圍限於既定的規矩之中，因為人的價值不應該來自他人的評定。

　　一生都努力探索繪畫世界的畢卡索，可以說將一生全都奉獻給了繪畫。創作力驚人且創意十足的他，作品千變萬化，不跟隨時尚流行，更不懂得「當下」行規，一切作品都是順應自己的心，但這也讓許多保守派人士很不能接受，一般人也認為他的創作太過前衛。

　　「前衛」之名對一個創作者來說，常常是種可怕的負擔，除了會帶來無情的批評之外，許多人對於這樣的藝術家根本不願給予肯定。

　　不過，始終快樂沉醉在自己創作世界裡的畢卡索卻一點也不以為意，雖因此嚐盡苦悶滋味，卻也懂得從中細細品味出難得的生活經驗。

　　對於人們的攻訐，畢卡索曾對朋友說：「新潮前衛的作品如今面對的攻擊比過去還多，從前的人都會正面批評，但是現在的人卻偏好從後面攻擊。」

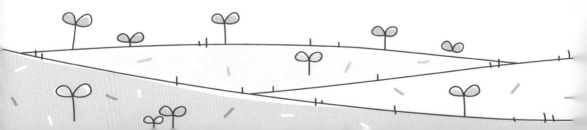

　　畢卡索毫不避諱地盡吐心中苦悶，然而，多數人卻始終不能用心體會他的創作心聲。

　　後來，有一群崇尚前衛藝術的青年朋友們，來向畢卡索請教，提出了這麼一個問題：「依照立體派的原則來畫人時，我們應該畫成圓的還是方的啊？」

　　畢卡索以十分威嚴的口氣回答道：「自然裡哪有什麼原則啊！」

　　就創作的態度而言，法國思想家蒙田也曾提出與畢卡索一樣的概念。

　　蒙田說，他不需耗費心思，而是順其自然，無論何時何地，只要腦海中一出現新的想法，都會先累積起來，然後自然地應用在適宜的作品中。

　　蒙田的想法正與畢卡索不謀而合，也與今天的生活概念十分契合。

　　現代社會的快速變化，讓人們經常面臨著「不知該怎麼適應變化」的苦境，當下有人選擇保守跟風，有些人則一味地學習模仿，看似改變，實則卻是畫地自限而不知。

　　生命本身有其無可限量的爆發力與創造力，我們不應該囿限於既定的規矩之中，人們怎麼看待始終是另一回事，因為人的價值不應該來自他人的評定而是你對自己是否有絕對的自信！

　　一度煩悶訴苦的畢卡索，雖然曾對當下潮流，以及社會對其創作的不見容感到憤憤不平，然而他卻從未放棄自己，依然堅持「自然自我」，他的立體畫一般，正是在這樣的自我肯定

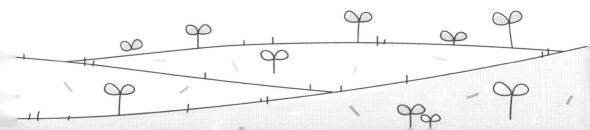

下引領起風潮。

不過,據說這個獨特創新的繪畫技巧,曾經鬧出一個政治笑話。

有一回,斯特拉文斯基造訪羅馬和那不勒斯時,在旅行中結識了大畫家畢卡索,兩個人在車上接觸後即展開交談,由於相談甚歡,這讓兩個人在這個短暫的行程中很快地結為密友。

臨別前,畢卡索還特別為斯特拉文斯基畫了一幅肖像畫以作留念,不過未料卻為斯特拉文斯基帶來了麻煩。

當斯特拉文斯基準備回瑞士時,海關人員正巧抽檢到他的行李,並一眼盯上了皮箱裡的這幅立體畫作。

「咦?這上面畫的是什麼?」海關人員取出「圖畫」,並以非常嚴肅的眼光盯住斯特拉文斯基。

這樣嚴厲的眼並沒有嚇到斯特拉文斯基,只見他坦然且自豪地回答;「這是畢卡索為我畫的肖像畫。」

「怎麼可能!這看起來就像某個區域的平面圖,根本不像個人!」海關人員仍然厲聲質問著。

「是真的,這是我臉部的平面圖。」斯特拉文斯基說。

但是,不管斯特拉文斯基怎樣解釋都沒用,負責的海關人員堅持要將這幅畫作沒收,因為他們一致認定:「這其中肯定暗藏著某種戰略,這一定是張偽裝過的軍事平面圖。」

這消息傳到了畢卡索的耳裡,卻讓他十分開心:「看來,我真是個糟糕的畫家,不過倒還不失是個出色的軍事家嘛!」

如果是你,你會怎麼處理或看待這件事呢?是怒斥海關人員不懂欣賞?還是哀怨著創作的孤獨?

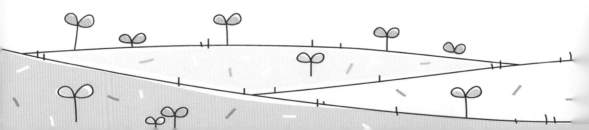

　　不受限制的創作是最具魅力的，也是件很快樂的事，不管人們怎麼解析、詮釋，只管盡情發揮自己的創意便是，然後我們就能和畢卡索一樣幽默地自我解嘲，自信面對！順其自然地發揮你的獨特性，流行風向自然就會跟你同行，仔細想想，那些被稱爲「流行教主」的人物，不正是以獨特且自然的個人特質，引領未來風潮的嗎？

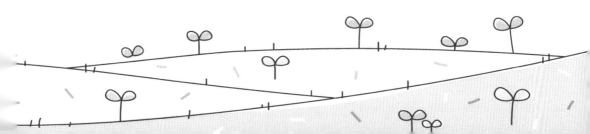

用對地方的機智才能發揮價值

 只要不用錯地方，機智幽默總能為人帶來生活趣味；只要別用在錯誤的事情上，機智幽默一定能協助你編織出一齣精采的人生。

　　機智不應當用在錯誤的事件上，多數人一定都曾經歷過犯錯後心神不寧的狀態，回想起那些心慌又疑神疑鬼的時候，必然會發現，坦承犯錯比起苦困於生活不安中還來得快樂。

　　有一天，卡巴爬上糖棕櫚樹，準備偷吃美味的棕櫚樹汁。忽然，一陣急促的腳步聲傳來，正在樹上的卡巴遠遠便看到樹林的主人來了。

　　卡巴急中生智，不等主人開口責罵，連忙搶著喊道：「請問，這是通往天堂之路的最佳位置嗎？」

　　卡巴雖然急中生智想出了一個問題來作掩飾，但是，再巧妙的躲避遮掩，也不能抹滅企圖犯錯的真相。就算逃過了人們的指責或法律的責罰，自己仍會在面對良心時深感不安的。

　　我們的機智要多用在化解生活難題上，更要能運用在勇於面對錯誤的情況中，聰明如你想必早已領悟這個道理。

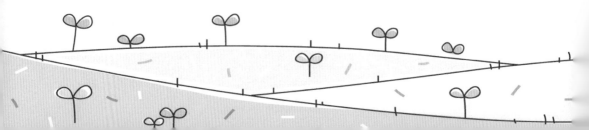

　　當然，若是將機智用在與朋友開玩笑，也能帶來幽默的生活趣味。

　　這天，天空下起了雨，哈米拉走到門口，正巧看見一個鄰居拚命往家的方向跑去，哈米拉見狀，大聲問他：「你為什麼要跑啊？」

　　「躲雨啊！」鄰居喊道。

　　「什麼！」哈米拉故作驚訝地喊著。

　　鄰居看了哈米拉一眼，依舊急速往前奔，這時哈米接著說：「你說那什麼話，你真是不想活了吧！你怎麼能躲避真主的恩賜呢？」

　　鄰居一聽，只得放慢腳步，一步一步地走回家，只是這一慢，卻讓他全身都被雨濕透了。

　　這天，這鄰居正坐在窗前觀看雨景，湊巧看見哈米拉正急急忙忙地往家的方向跑去，超快的奔跑速度，使他身上的袍子下襬擺動得很劇烈。

　　鄰居不解地喊道：「哈米拉啊！難道你忘記自己說過的話嗎？你這不也是在躲避真主的恩賜嗎？」

　　只見哈米拉朝他揮了揮手，然後邊跑邊說：「不，我是怕踩著了真主的恩賜，所以要趕緊跑開。」

　　多妙的一個「別躲避真主的恩賜」，又多機巧的一個「就怕踩著真主的恩賜」。與其說哈米拉欺負人，不如說鄰居真傻，竟然不懂得判斷當下情況，一味聽信哈米拉所說的話，才會淋了一身濕！

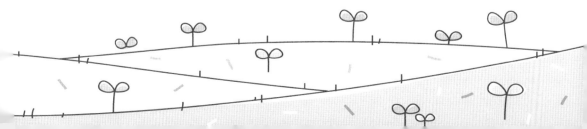

如果不能聽出他人話裡的玄機，也看不出人們有心戲弄，又不能視當下情況變通保護自己，若要究責，其中有大半責任是得歸咎於我們自己。

　　就好像哈米拉在聽見鄰居質疑時，一派瀟灑的機智變通，爲的不就是保護自己，冤於淋得一身溼？畢竟，真主也會希望他的子民能健健康康的，不是嗎？

　　只要不用錯地方，機智幽默總能爲人帶來生活趣味；只要別用在錯誤的事情上，機智幽默一定能協助你編織出一齣精采的人生。

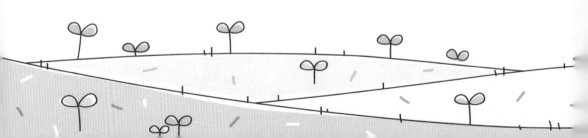

把自己的位置切換到別人的立場

把別人的事視為自己的事，然後常把自己的立場切換至別人的立場想想，各式麻煩、難題自然能輕鬆解決了。

　　世上沒有真正無法解開的難題，除非你一心逃避。即便面對複雜的政事，只要願意多用智慧，多花點心思細想，再纏繞的結也定能解開。

　　在皇宮中，有一群奸臣正與國王的小舅子侯塞因閉門密謀，因為侯塞因一心想趕走比爾巴，好坐上宰相之位。

　　最後，他們決定請出國王的枕邊人王后去搬弄是非。

　　所幸，國王聽出有人想使壞心眼，也猜出是國舅爺的主意。為了讓王后認清國舅爺不適任宰相職位，更為了讓國舅心服口服，國王密會比爾巴後，接著便宣佈任命侯塞因為新宰相，不過卻有個但書。

　　國王對侯塞因說：「宰相大人，請你在一週內找到一個忠實的朋友和不忠於你的人，還有，請你尋找生命的汁液和味道的根，只要上述東西你都找到了，那麼這個宰相之位就永遠屬於你了。」

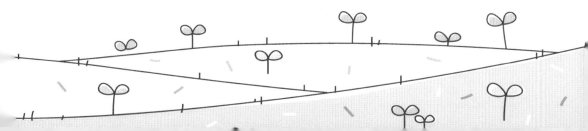

侯塞因答應後,便派出大批人力找尋,但是大批人馬走遍了全國,卻連一樣都沒找著,最後侯塞因不得不去向智者比爾巴求助。

　　比爾巴一看見侯塞因,便交給他兩個裝有水與鹽巴的盒子,然後說:「關於朋友的事,就讓我親自向國王報告吧!」

　　於是,國王召見比爾巴。只見比爾巴神色自若地對國王說:「世上最忠實的朋友是狗,至於最不忠實的朋友……」

　　說到這裡,比爾巴故意停了一下,接著才說:「是女婿!味道的根是鹽,生命的汁液是水。」

　　國王點了點頭,然後驕傲地看著殿前那群圖謀不軌的奸臣,侯塞因聽完比爾巴的話早慚愧地低頭,不敢正視比爾巴與國王,於是比爾巴恢復了宰相之職。

　　但是不久之後,國王下令要將全城的女婿統統吊死,眾人驚嚇得不知所措,最終只得把希望再次寄託在比爾巴身上。

　　比爾巴聽聞後,便命人連夜做好一副金絞架和一副銀絞架,第二天將這兩樣器具搬到國王面對,並對他說:「國王,這金絞架是給你使用的,至於銀絞架則是我的,因為,你和我也是自己丈母娘的女婿啊!」

　　國王聽了比爾巴的分析,明白地點了點頭,並立即撤銷這個殘忍的命令。

　　政治人事其實是實際社會的縮影,無論是在職場還是一般團體中,不免會遇到像侯塞因之類的小人。他們事事都爭強,不反省自己能力如何,老想著凌駕他人之上,時時用心計害人,但結果卻又如何?

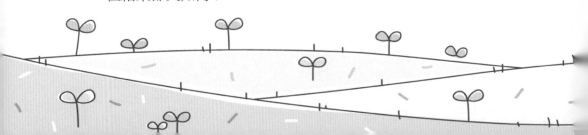

　　答案其實很清楚，試想，你會喜歡那些時時說人是非、時時想盡辦法害人的伙伴嗎？應該不喜歡吧！因為難保下一秒，他們有心陷害的人不會是我們。和這樣心胸狹隘、老想佔好處的人同行，日子恐怕過得比誰都還心驚膽跳。

　　再看看比爾巴過人的智慧，總能在最關鍵時刻平息風波、解除危機，從智退侯塞因，到智解「女婿」危險，充分展現了治國之相的才能，更具備了治國者應有的仁義之心。

　　向來以具體事物勸說國王的比爾巴，最後再以相同方法讓國王得到「反思」，在這個「相同立場」的角度中，比爾巴不必直斥國王的錯誤與不仁，而是以同為「女婿」的角色來提醒國王，從「將心比心」的角度切入，順利換得國王的省悟，同時也挽回了眾人的腦袋。

　　如此智慧想必深得你心，那麼在處世待人時，你是否也願意積極培養這樣的機智解決問題，好贏得人們的心呢？方法不難，把別人的事視為自己的事，然後常把自己的立場切換至別人的立場想想，各式麻煩、難題自然能輕鬆解決。

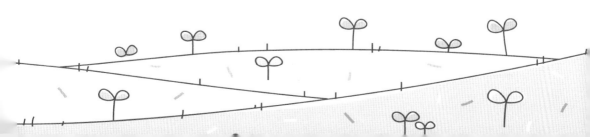

改變情緒，就會改變思緒全集
——別讓情緒「綁架」你的思緒

戴維思曾說：「任何感情用事的人，都無法做出正確判斷，除非他的思緒不受情緒的影響。」

其實，想要做出正判斷，除了自己的思緒不能受到情緒的影響，更重要的是必須懂得去改變自己面對問題的思緒，因為，只要你能換個角度去看問題，換一種思維去思考問題，通常就可以改變你面對問題的情緒。

尼克勞斯曾說：「改變心情，就能改變事情的結果。」

人的思緒往往受到情緒左右，因此，一個人在處理事情之前，都必須先處理自己的心情，才不會在心情混亂的情況下，做出事後讓自己後悔不已的決定。

感謝那些讓你流淚的人全集
——把別人的折磨當成自我突破的磨練

布雷茲里特曾說：「如果沒有嚴冬，春天就不會那樣舒心宜人。」

的確，我們若不是嚐過痛苦，受過折磨，就不會有苦盡甘來的甜美感覺，因此，當我們功成名就時，最需要感謝的，就是那些曾經折磨過自己，甚至讓自己傷心難過得掉眼淚的人。

坦桑尼亞有句諺語說：「絆倒總是向前，不會向後。」

其實，那些在人生道路上將我們絆倒的「折磨」，背後都隱藏著激勵我們奮發向上的動機。如果你想要在自己認定的領域有一番成就，那麼，就必須懂得將別人對自己的刻薄、折磨，視為成功必經的磨練……

別用心情處理事情全集
——學會放下那些不如意的事情

畢達哥拉斯曾說：「做自己感情的奴隸，比做暴君的奴僕更為不幸。」

確實如此，當一個人成了感情的奴隸，就會意氣用事，做出讓自己懊悔不已的事情。無論面對多麼不愉快、多麼生氣的事情，都必須先將自己的心情處理妥當，再用理智處理事情，千萬別用心情處理事情。

瞋怒、怨恨的心情，往往會使小過變成大禍，如果我們不想淪為情緒的奴隸，首先就必須提醒自己，不論當下覺得氣憤還是痛苦，都必須保持冷靜的心情，才能做出最正確的決定。

向刻薄的人學習寬容全集
——做人寬容，做事就更圓融

印度詩人泰戈爾曾說：「越是有人責備我，我就越堅強；越是面對刻薄的人，我就越懂得寬容。」

因為，刻薄的人，有時候是一面自我省思的鏡子，我們可以從鏡子中看到自己曾經刻薄的嘴臉，進而體會到被刻薄的人，那份渴望被寬容的心情。

法國文豪巴爾札克曾經寫道：「世上所有德性高尚的聖人，都能忍受凡人的刻薄和侮辱。」

其實，有時候，刻薄的人，比那些表面迎逢你的人更有用處，因為，他們的話語雖然尖酸，但卻句句是實話，他們的行為雖然刻薄，但卻可以當作負面借鏡，讓你學到寬容的處世智慧。

有點心機不算卑鄙全集

──聰明老實人不能不懂的處世智典

孟德斯鳩曾說：「我一直認為，一個人想要獲得成功，就必須表面上忠厚老實，實際上暗留一點心機。」

確實如此，在這個爾虞我詐的社會裡，當個厚道的老實人固然值得稱許，但是一定要多留幾個心眼，千萬不能忽略人性中的狡猾虛偽、奸詐殘忍、言行不一……等黑暗面。 做人做事一定要具備一點心機，方能避開各種陷阱和危機，甚至借力使力，開創自己成功的契機。

想要比別人更快出人頭地，就必須運用一些必要的手段；只要不是心存惡念，有點心機，其實不算卑鄙。

看穿人心說話術全集

──讓你的話語發揮最高戰力

詩人紀伯倫曾說：「一個人的實質，不在於他向你顯露的一面，而在於他不能向你顯露的一面，因此，如果你想了解他，不要去聽他說出的話，而要去聽他沒說出的話。」

想要溝通順利，就必須把話說進心坎裡；想要把話說進對方的心坎裡，就必須先看穿對方潛藏的心思，用對方最喜歡聽的話語，準確無誤地傳達自己的意思。

同樣一件事，用兩種不同的話語表達，最後的結果往往南轅北轍。如果你可以在言談間看穿對方正在想什麼，便可以輕鬆地站在對方的角度說出他最能欣然接受的話。

用幽默的方法，說出你的看法全集

──用幽默心情搞定那些難纏的人

中國當代作家王蒙曾說：「幽默是一種酸、甜、苦、鹹、辣混合的味道。嚐起來似乎沒有痛苦和狂歡強烈，但應該比痛苦狂歡還耐嚼。」

罵人不必凶巴巴，想讓對方明白是非也不一定要暴跳如雷。如果能用幽默的方法，表達自己的看法，對方的體悟必定更加深刻。

忍不住脫口罵出一長串髒話，對心情對事情其實都沒有太大的幫助，反而還會讓對方懷恨在心。只要能保持幽默的心情，再機車的人，再棘手的事情，也可以輕輕鬆鬆搞定。

心寬，路就寬全集

──放開心胸，用不同的眼光看待事情

尼克勞斯曾經寫道：「心無罣礙，才能讓自己海闊天空。」

活在現實功利的社會中，人的煩惱越來越多，執著越來越深重，心胸也跟著越來越狹隘，不少人都感慨日子越來越難過。

事實上，只要我們願意放開心胸，用不同的眼光看待事情，換不同的做法解決問題，日子要過得自在，其實並沒有那麼困難。

障礙，往往來自心中出現罣礙。當我們面對人生的各項難題時，只要先掃除心中的罣礙，那麼所有擋在眼前的絆腳石，都會成為人生道路的墊腳石。

生活講義

149

用幽默的方法，表達你的想法全集

作　　者　文彥博
社　　長　陳維都
藝術總監　黃聖文
編輯總監　王　凌
出 版 者　普天出版家族有限公司
　　　　　新北市汐止區康寧街 169 巷 25 號 6 樓
　　　　　TEL / (02) 26921935 (代表號)
　　　　　FAX / (02) 26959332
　　　　　E-mail：popular.press@msa.hinet.net
　　　　　http://www.popu.com.tw/
　　　　　郵政劃撥 19091443 陳維都帳戶
總 經 銷　旭昇圖書有限公司
　　　　　新北市中和區中山路二段 352 號 2F
　　　　　TEL / (02) 22451480 (代表號)
　　　　　FAX / (02) 22451479
　　　　　E-mail：s1686688@ms31.hinet.net
法律顧問　西華律師事務所・黃憲男律師
電腦排版　巨新電腦排版有限公司
印製裝訂　久裕印刷事業有限公司
出 版 日　2019 (民 108) 年 6 月第 1 版
E A N◉4712847181557　　條碼 4712847181557
Copyright◎2019
Printed in Taiwan ,2019 All Rights Reserved

國家圖書館出版品預行編目資料

用幽默的方法，表達你的想法全集／
文彥博編著. —第 1 版. —：新北市, 普天出版
民 108.06 面；公分. -（生活講義；149）
EAN◉4712847181557（平裝）
CIP◉177.2